Hamburgs Vögel
Die 77 häufigsten Arten

Selbstverlag Harald Vieth
Hamburg

Bachstelzenjunge

Haubenmeise

Kernbeißer

Baumläufer

Blässrallenjunge

Silber- und Lachmöwe

Blaumeise

Buntspecht

Harald Vieth

Hamburgs Vögel
Die 77 häufigsten Arten

Selbstverlag Harald Vieth
Hamburg

Für Cosima und Julian
und für alle Menschen,
die Vögel lieben

Dieses Buch ist für 19,90 Euro
(ggf. zuzüglich 2 Euro für Porto/Verpackung je Buch) erhältlich bei:
H. Vieth, Hallerstr. 8 II,
20146 Hamburg, Tel.: 040/45 21 09, Fax: 040/45 03 94 76

www.viethverlag.de

© 2013, 1. Auflage
ISBN: 978-3-00-042651-3
Selbstverlag Harald Vieth, Hamburg

Gestaltung, Satz und Layout: input-verlag.de, 22767 Hamburg
Papier: chlorfrei gebleicht und säurefrei hergestellt, PEFC-zertifiziert
Die Einschweißfolie ist lebensmittelunbedenklich und biologish abbaubar
Druck: Klingenberg & Rompel, Hamburg

Titelfotos:
Im Uhrzeigersinn, beginnend bei 12 Uhr:
D. Stöhr, D. Stöhr, M. Born, S. Baumung, H. Vieth, H. Vieth,
S. Baumung, R. Mulsow
Rückseite:
Kraniche im Formationsflug (A. Wiermann)

Inhaltsverzeichnis

Vorwort 8

Einleitung 11

1   Schwäne, Gänse, Enten, Fasan, Taucher, Kormoran,
      Graureiher, Weißstorch 14

Schwäne: Höckerschwan 14, Singschwan 16

Gänse: Graugans 17, Kanadagans 20, Brandgans 21,
    Nilgans 22

Enten: Stockente 23, Reiherente 24, Löffelente 25,
    Mandarinente 26, „Exoten-Ente" 28

Fasan 29

Taucher: Haubentaucher 30, Zwergtaucher 32

Kormoran 34

Graureiher 36

Weißstorch 38

2   Greifvögel, Kranich, Rallen, Austernfischer,
      Kiebitz, Möwen 42

Greifvögel: Mäusebussard 42, Turmfalke 44, Sperber 46,
    Habicht 48

Kranich 50

Rallen: Teichralle (Teichhuhn) 54, Blässralle (Blesshuhn) 56

Austernfischer 60

Kiebitz 61

Möwen: Lachmöwe 63, Sturmmöwe 66, Silbermöwe 68

3   Tauben, Kuckuck, Eulenvögel, Mauersegler, Eisvogel,
      Wiedehopf, Wendehals, Spechte, Pirol 70

Tauben: Straßentaube (Stadttaube) 70, Ringeltaube 70,
Türkentaube 74

Kuckuck 74

Eulenvögel: Uhu 77, Waldkauz 80, Waldohreule 82

Mauersegler 83

Eisvogel 86

Wiedehopf 88

Wendehals 90

Inhaltsverzeichnis

Spechte: Buntspecht 92, Grünspecht 94,
„Schwindel-Specht" 95
Pirol 96

**4   Rabenvögel, Meisen, Feldlerche, Schwalben,
      Laubsänger, Rohrsänger, Grasmücken** 98
Rabenvögel: Elster 98, Eichelhäher 100, Rabenkrähe 102,
    Saatkrähe 104, Dohle 106
Meisen: Kohlmeise 110, Blaumeise 112, Tannenmeise 114,
    Schwanzmeise 116, Sumpfmeise 119, Haubenmeise 120
Feldlerche 124
Schwalben: Mehlschwalbe 126, Rauchschwalbe 128
Laubsänger: Zilpzalp 130, Fitis 132
Rohrsänger: Teichrohrsänger 134
Grasmücken: Mönchsgrasmücke 136, Klappergrasmücke 138

**5   Wintergoldhähnchen, Kleiber, Gartenbaumläufer,
      Zaunkönig, Star, Drosseln, Fliegenschnäpper,
      Rotkehlchen, Nachtigall, Blaukehlchen** 140
Wintergoldhähnchen 140
Kleiber 142
Gartenbaumläufer 144
Zaunkönig 146
Star 148
Drosseln: Amsel 152, Singdrossel 154, Misteldrossel 156,
    Wacholderdrossel 158
(Fliegen-)Schnäpper: Grauschnäpper 160, Trauerschnäpper 161
Rotkehlchen 162
Nachtigall 164
Blaukehlchen 166

**6   Rotschwänze, Heckenbraunelle, Sperlinge, Bachstelze,
      Finken, Kernbeißer, Dompfaff, Stieglitz** 168
Rotschwänze: Hausrotschwanz 168, Gartenrotschwanz 170
Heckenbraunelle 172
Sperlinge: Haussperling (Spatz) 174, Feldsperling 176
Bachstelze 178
Finken: Buchfink 180, Grünfink 184
Kernbeißer 186

Dompfaff (Gimpel) 188
Stieglitz (Distelfink) 190

7 Sechs in Hamburg als WINTERGÄSTE
auftretende Vogelarten 192
Gänsesäger 193, Seidenschwanz 194, Rotdrossel 196,
Nebelkrähe 198, Bergfink 200,
Erlenzeisig (mit Hinweis auf Birkenzeisig 203) 202

8 Verwendete und weiterführende Literatur 204
9 Wie könnte es weitergehen? 206
10 Autor 207
11 Alle Brutvögel Hamburgs,
***Ihre* persönliche Checkliste** 208
12 Förderer und Sponsor 211
13 Sachregister inklusive Vogelregister 212
14 Bildnachweis 216

Inhaltsverzeichnis

Einige Abkürzungen

Für die Vogelnamen in anderen Sprachen:

E = Englisch F = Französisch I = Italienisch NL = Niederländisch (Holländisch) PL = Polnisch R = Russisch

M. = Männchen W. = Weibchen

Rev. = Reviere. Ganz grob kann davon ausgegangen werden, dass ein Revier einem Brutpaar entspricht. Reviere werden angezeigt z.B. durch den Gesang oder den Balzflug des Männchens, Futter bzw. Nistmaterial tragende oder während der Brutsaison regelmäßig an einem Ort anwesende Vögel.

Z. = Zugvogel

Manche Vogelarten sind Stand-, Strich- und/oder Zugvögel. Ich habe Z. = Zugvogel immer dann angegeben, wenn Sie diese Vogelart NICHT bei uns im Winter antreffen. Das mag Ihnen bei der Bestimmung behilflich sein. Denken Sie also z.B., eine „Singdrossel" mitten im Winter bestimmt zu haben, so zeigt ein Z. = Zugvogel an, dass das nicht möglich ist, sondern dass es sich um eine andere Drosselart handeln muss.

Vorwort

Ja, Hamburg ist mit 160 brütenden Vogelarten, etlichen Durchzüglern und Wintergästen eine vogelreiche Stadt.

Nein, Hamburg ist keine „Umwelthauptstadt" und auch kein strahlendes Vorbild für den Vogelschutz.

Unbedingt anzuerkennen ist, dass in der Hansestadt 31 Naturschutzgebiete (NSG) geschaffen wurden. Das entspricht etwa 8% der Hamburger Landesfläche. In den meisten finden Vögel Rückzugsgebiete und Lebensräume.

Die vergleichsweise reiche Vogelwelt verdankt Hamburg natürlich in erster Linie seiner geographischen Lage: Das Urstromtal der Elbe mit seinen Marschen und seinem Grünland, die Alster als Nebenfluss mit ihrem Korridor von relativ naturnahen Lebensräumen und manch andere unterschiedliche Biotope ermöglichen ein interessantes Vogelleben.

Auf der anderen Seite sind erhebliche Mängel zu beklagen:

Zunächst ist festzustellen, dass „wir Hamburger/-innen" statistisch gesehen ökologisch weit über unsere Verhältnisse leben. Unser „ökologischer Fußabdruck" ist viel zu groß: Wir leben so, als ob wir 3 Planeten hätten.

Im Einzelnen ist festzustellen:

Die Versiegelung des Bodens geht ungehemmt und in erschreckendem Umfang weiter. Sterile Architektur mit viel Glas und Beton sind alles andere als eine Augenweide. Sie bedeuten für viele Vogelarten manches Mal Todesfallen und bieten ihnen keinerlei Nistmöglichkeiten.

Hätte man z.B. bei der HafenCity etwas weniger auf Glas, Beton, Bodenversiegelung gesetzt und dafür mehr Bäume und Grün eingeplant, so würden dort viel mehr Singvögel vorkommen. Das Problem des massenhaften Auftretens der Brückenspinnen hätte sich weitgehend erledigt. Und Vögel hätten für mehr Lebendigkeit und Freude gesorgt.

Hamburg treibt Raubbau an der Natur. Es vergreift sich an seinem „grünen Tafelsilber". Insgesamt werden in Hamburg viel zu viele Bäume gefällt. Hier geht es nicht um die berüchtigten „peanuts", sondern um fast gigantische Zahlen. Im Laufe der letzten sechs bis acht Jahre dürften schätzungsweise 50.000 (!) Bäume vernichtet worden sein. Hinzu kommen Baum-Verstümmelungen oder Bäume, die bis hoch in die Kronen „aufgeastet" werden. Baumscheiben um neu gepflanzte Bäume werden zum Teil mit Split oder dubiosen Schlackensteinen gefüllt, damit sich um Himmels willen kein Wildkraut entwickeln kann.

Ferner werden Büsche und Sträucher häufig als „Gestrüpp" verunglimpft. Dem vom Senat versprochenen Wohnungsbau und dem Credo der wachsenden Stadt zuliebe wird ein rücksichtsloser Kampf gegen Hamburgs Grünflächen und grüne Ecken geführt, die seit einigen Jahren systematisch ausgeräumt werden.

Um das Wahlversprechen für den Bau von 6.000 Wohnungen einzuhalten, scheint der Behörde bzw. dem Bürgermeister jedes Mittel recht zu sein: Das zeigen die Baumfällungen und sonstige Grünvernichtung im großen Stil, aber auch deutliche Ausdünnungen und Einsparungen beim Personal der BSU.

Diese Behörde – das „U" steht übrigens für Umwelt – hat ein ziemlich überaltertes Personal. Es heißt, dass in der Kernbehörde nur 11% der Mitarbeiter/-innen unter 35 Jahre alt sein sollen. Die alten erfahrenen und hochmotivierten Menschen in dieser Behörde verschwinden mit ihrem Wissen. Insgesamt ist ein deutlicher Abbau der Umweltverwaltung festzustellen. Das ist fatal, denn diese so wichtige Behörde müsste sich verstärkt für den Natur- und Umweltschutz einsetzen. Wird es bald heißen „Hamburg – die Häuser- und Betonstadt" anstatt „Hamburg – die grüne Stadt"?

Das Stadtgrün, das nicht nur für die Vögel als bedeutender Lebensraum wichtig ist, sondern in Zeiten des zunehmenden Klimawandels auch für das Stadtklima immer bedeutender wird, hat einen zunehmend schweren Stand in Hamburg. Diese Gesamtentwicklung geht in eine völlig falsche Richtung. Hier tut ein schnelles Umdenken not.

Auf der Jubiläumsfeier zum 50-jährigen Bestehen des „Arbeitskreises an der Staatlichen Vogelschutzwarte Hamburg" am 6.9.2012 wurde darauf hingewiesen, dass Hamburger Flächen mit der geringsten Anzahl an Vogelarten auch gleichzeitig soziale Brennpunkte sind. Fehlendes Grün und stark reduzierter Vogelreichtum führen zu eingeschränktem menschlichen Wohlgefühl. Als Konsequenz sollte bei der Städteplanung mehr als bisher auch die biologische Vielfalt berücksichtigt werden.

Bekannt ist, dass es weltweit durch den gnadenlosen Raubbau an der Natur einen dramatischen Schwund an Tier- und Pflanzenarten gibt – und das trotz ständiger offizieller Appelle zur Erhaltung der Biodiversität.

In Hamburg sind lt. NABU 37% der hier brütenden Vogelarten gefährdet!

Vorwort

Wer meint, dass das Verschwinden einer Vogelart nicht weiter schlimm sei, denkt zu kurz. Wenn z. B. ein Storchenpaar in einem Gebiet ausbleibt, wo es jahrzehntelang zu Hause war, dann ist nicht nur der Storch verschwunden. Meist existiert dann seine Lebensgrundlage nicht mehr: Zahlreiche andere Tierarten sind vor oder mit ihm dahingegangen wie Frösche, Kröten, Schlangen, Eidechsen, Fische, Schnecken, Großinsekten ...

Somit haben Vögel generell auch eine wichtige Funktion als Indikatoren für eine halbwegs gesunde Natur.

Dieses Buch soll Ihnen unsere Vogelwelt etwas näherbringen, möglichst einige Einsichten und Kenntnisse vermitteln und durch die vielen schönen Fotos erfreuen. Sie kennen ja auch den Spruch: „Nur was man kennt, das schützt man auch." Und unser relativ großer Vogelreichtum verdient es, geschützt und für die Nachwelt bewahrt zu werden.

Vögel begeistern durch Gesang, Farbe, Verhalten und Flugvermögen.

Nicht verwunderlich, dass den Vögeln in zahlreichen Gedichten Bewunderung gezollt wird. Aus dieser Vielzahl wählte ich für Sie ein feines, nicht sehr bekanntes aus:

Vor meinem Fenster
Singt ein Vogel.
Still hör ich zu; mein Herz vergeht.
Er singt,
was ich als Kind besaß,
und dann – vergessen.
(Arno Holz)

Auch in Musikwerken wird den Vögeln gehuldigt. Und das nicht nur bei Klassikern wie Mozart und Beethoven, sondern auch in moderneren Kompositionen wie „Ornithology" oder „Bird of Paradise" des berühmten US-amerikanischen Saxophonisten Charlie „Bird" Parker, Wegbereiter des Bebops.

Im Übrigen ist das Bestimmen von Vogelarten spannend. Es erschließt Ihnen eine neue Welt und erhöht die Lebensqualität. Durch die Bewegung in der Natur wird die Gesundheit gefördert und somit wahrscheinlich auch die Lebensdauer. Was wollen wir mehr?

Und wer weiß: Vielleicht heißt es ja irgendwann auch für Sie frei nach Loriot: „Ein Leben ohne Vögel ist möglich – aber es ist SINN-los."

Einleitung

Genau genommen müsste der Titel dieses Buches lauten: „Hamburgs Vögel. Die 77 häufigsten Arten unter besonderer Berücksichtigung des erweiterten Innenstadtbereichs sowie zusätzlich einige spektakuläre oder farbenprächtige Arten".

Die Auswahl der 77 häufigsten Arten

Die Auswahl der von mir vorgestellten 77 häufigsten Arten ist natürlich auch ein wenig subjektiv. Sie erhebt keinen wissenschaftlichen Anspruch. Ich habe mich für diese Arten entschieden, weil sie nach meiner Meinung am ehesten und leichtesten in dem erwähnten Bereich zu beobachten sind.

Auf welchen Quellen basiert meine Auswahl?

- In erster Linie sind der hervorragende Brutvogel-Atlas Hamburg von A. Mitschke und S. Baumung von 2001 und der Atlas der BRUTvögel in Hamburg und Umgebung von A. Mitschke von 2012, herausgegeben für den Arbeitskreis an der Staatlichen Vogelschutzwarte Hamburg von J. Hartmann und J. Wittenberg, zu erwähnen.

  Allerdings geht es in diesen Atlanten vor allem um Brutvögel. Wenn wir ausschließlich diese Arten berücksichtigten, würden bestimmte Vögel, die auf dem Durchzug und als Wintergäste bei uns zahlreich vertreten sind, in diesem Buch gar nicht erscheinen. Bestes Beispiel ist die Lachmöwe, „unsere Emma", die nicht auf Hamburger Gebiet brütet, aber im Winter mit zigtausenden Exemplaren geradezu ein Charaktervogel der Hansestadt ist. Also muss sie in diesem Buch unbedingt vorgestellt werden. Aber auch andere im Winter mehr oder weniger häufig anzutreffende Vogelgäste wie Bergfinken, Rotdrosseln oder Seidenschwänze müssen selbstverständlich berücksichtigt werden.

- Eine weitere Quelle waren die vom NABU initiierten und zentral gesammelten Vogelbeobachtungen der „Stunde der Gartenvögel" im Mai sowie „Stunde der Wintervögel" im Januar.

  An diesen Zählungen kann jede(r) teilnehmen. Sie haben erfreulicherweise einen stark motivierenden Charakter. Sie vermitteln uns jedoch nur grobe Tendenzen zur Häufigkeit, da es weder Belege noch Kontrolle der Beobachtungen gibt. Damit sind Fehler vorprogrammiert. Sicherlich werden z. B. von interessierten Laien manches Mal eine Heckenbraunelle oder ein weiblicher Grünfink mit einem Sperling verwechselt oder Mauersegler bei ihren großen Flugstrecken mehrfach gezählt.

So wurden bei der nationalen Vogelzählung z.B. eine Gruppe von Blaumeisen als „Lasurmeisen" gemeldet, die in Europa nur in Finnland sowie Weißrussland und Russland vorkommen. Auch die beobachtete größere „Tannenhäher-Ansammlung" entpuppte sich als eine Gruppe von braun gefleckten Jungstaren.

In anderen Zusammenhängen wurde mir persönlich von folgenden Beobachtungen berichtet: In einem Wilhelmsburger Garten brüte jedes Jahr am Haus ein „sehr hübscher Vogel – ein Pirol", der auch im Winter regelmäßig zu sehen sei. Bei näherem Nachhaken wurde aus dem Pirol ein Gimpel (Dompfaff). Eine andere interessierte Dame berichtete von einem „Vierzehenspecht", der sich vor einigen Jahren kurz in ihrem Winterhuder Garten aufgehalten hätte. Aus Bergedorf erhielt ich die Meldung eines „Feldschwirls", der direkt am Haus in einer Mauernische brüte. Hier kann es sich nur um einen Grauschnäpper (Grauer Fliegenschnäpper) gehandelt haben.

Wir sollten nicht arrogant sein und uns über solche Meldungen mokieren. Hauptsache ist doch zunächst, dass Menschen überhaupt aufmerksam sind und auf die Vögel schauen. Im Übrigen können Sie im Kapitel „Zilpzalp" nachlesen, dass mir als Schuljunge auch eine ähnlich peinliche Fehlbeobachtung unterlaufen war.

- Hilfreich war auch die Beobachtungsliste der Vögel am Isebekkanal in Eimsbüttel/Hoheluft auf der Internetseite der Projektgruppe Stadtnatur Hamburg (http://www.isebek-initiative.de/Natur%20am%20Isebek.html).
- Letztlich waren auch meine eigenen Vogelbeobachtungen und Aufzeichnungen im Laufe der letzten fünf Jahrzehnte eine bedeutende Quelle.

Die zehn häufigsten Brutvogelarten in Hamburg sind Amsel (Schwarzdrossel), Kohlmeise, Blaumeise, Haussperling, Buchfink, Zaunkönig, Ringeltaube, Zilpzalp (Weidenlaubsänger), Grünfink und Rotkehlchen.

Insgesamt ist festzustellen, dass sich die Vogelwelt in Hamburg im Laufe der vergangenen 50 Jahre enorm verändert hat. Langstreckenzieher sind deutlich seltener geworden. Einige Allerweltsarten sind dagegen Gewinner und haben merklich zugenommen.

Der Klimawandel macht sich bereits insofern bemerkbar, als viele Zugvogelarten 6–10 Tage früher ankommen und uns etwa eine Woche später als bislang üblich verlassen. Einige Vogelarten versuchen, den Winter bei uns zu verbringen, wie z.B. Stare und erste wenige Exemplare des Hausrotschwanzes und der Mönchsgrasmücke.

Wahrscheinlich sind weitere Folgen des Klimawandels zu erwarten: Durch den Erwärmungstrend tritt eine Verschiebung der Entwicklungen bei Pflanzen und Insekten ein. So könnten z. B. Raupen, eine Hauptnahrung für Jungvögel, nicht zu dem Zeitpunkt verfügbar sein, zu dem die Jungvögel gefüttert werden müssen.

Vogelnamen

Manchmal tragen Vögel mehrere Namen. Gelegentlich erwähne ich auch Bezeichnungen, die im Volksmund üblich waren oder heutzutage noch sind.

Zu Hamburg als sogenanntem Tor zur Welt passt, dass die Namen außerdem – wenn schon nicht in allen europäischen – immerhin in sechs Sprachen erscheinen. Wenn Sie diese Länder bereisen, machen Sie bei interessierten Menschen mit der Nennung des Vogelnamens in der jeweiligen Sprache gleich einen guten Eindruck. Gleiches gilt bei Besuchen von Ausländern in Hamburg.

Übrigens charakterisieren manche ausländische Namen den Vogel besser als deutsche. Andere bringen uns zum Schmunzeln oder bestechen durch ihre Eleganz. Wer würde die schwanzwippende Weiße Bachstelze nicht gleich vor Augen haben bei der hübschen italienischen Benennung „La ballerina bianca"?

Ein letzter Hinweis: Wie bereits in meinen Baumbüchern ausgeführt, kann ich gelegentlich verstehen, was die Bäume erzählen. Gleiches kann ich erfreulicherweise von der Vogelsprache berichten. Diese Fälle habe ich protokolliert, so dass auch Sie den Inhalt des Vogelgezwitschers verstehen können.

1 Schwäne, Gänse, Enten, Fasan, Taucher, Kormoran, Graureiher, Weißstorch

Schwäne

Höckerschwan (Cygnus olor) (120 Rev. = Reviere)

E Mute swan F Cygne tuberculé I Cigno reale NL Knobbelzwaan
PL Łabędź niemy R лебедь-шипун

Seinen Namen erhielt dieser schöne Vogel wegen seines Höckers auf seinem orangefarbenen Schnabel (siehe oben den treffenden holländischen Namen). Der Schnabelgrund ist schwarz.

Die englische und polnische Namensgebung weisen schon darauf hin, dass diese Vögel meist „schweigsam" sind. Also Schwanengesang ist hier nicht angesagt.

Der Flug der Höckerschwäne ist kraftvoll mit ausgestrecktem Hals. Die Flügelschläge verursachen ein lautes, fast singendes Fluggeräusch. Mithilfe dieser Fluggeräusche können sich die Höckerschwäne untereinander orientieren. Kurzum: Beim Höckerschwan „sprechen" die Flügel, beim Singschwan dagegen seine Stimme.

Der Höckerschwan brütet in der Stadt insbesondere an der Alster. Größere Bestände finden sich in den Vier- und Marschlanden.

Rechts unten: Ein Paar Höckerschwäne: elegant und anmutig auf dem Stadtparksee. Beachten Sie bitte die schöne Spiegelung im Wasser und die prächtige, rotbraune Laubfärbung der Kastanien, die den baldigen Herbst ankündigt. Rechts im Hintergrund das Freibad

Die Hamburger Alsterschwäne sind ein Wahrzeichen der Hansestadt und haben eine lange historische Tradition: 1591/1592 – also vor mehr als 400 Jahren – wurden sie bereits auf öffentliche Kosten mit Getreidefutter versorgt. 1664 stellte der Senat die Vögel unter besonderen Schutz. Seit 1818 gibt es einen „Revierjagdmeister", heutzutage als „Schwanenvater" bekannt.

Jedes Jahr im November werden die Alsterschwäne vom derzeitigen „Schwanenvater" Olaf Nieß mit Booten in die kleine Alster (bei den Alsterarkaden) getrieben, dort eingefangen und in ihr Winterquartier im Eppendorfer Mühlenteich gebracht. Dieser Umzug dauert drei Tage und wird alljährlich vorgenommen, da die Schwäne beim Zufrieren der Alster keine Nahrung mehr fänden oder am Eis festfrieren könnten. Ab März/April bevölkern sie dann wieder die Alster und Umgebung.

Tipp: Im Winter lassen sich am Eppendorfer Mühlenteich hervorragend Wasservögel beobachten. Im besagten Winterquartier wird eine kleine Wasserfläche immer eisfrei gehalten, so dass sich dort außer den Höckerschwänen meistens einige Singschwäne, mehrere Entenarten, Kormorane, Teich- und Blässrallen sowie Graureiher aufhalten.

**Kap. 1
Schwäne, Gänse etc.**

**Hier:
Schwäne**

Links: Ein Höckerschwan mit zwei Jungen und eine Kanadagans warten auf der Binnenalster am Jungfernstieg darauf, gefüttert zu werden.

Singschwan (Cygnus cygnus)

Der Singschwan, der gerade im Eppendorfer Mühlenteich das Eis verlässt, um in das Wasser zu gleiten, zeigt hübsche Kontraste: den gelben Schnabel, weißen Körper, schwarze Beine und Füße

Dieser hübsche Schwan mit dem gelben Schnabel gehört nicht zu Hamburgs 77 häufigsten Arten. (Nur 2 Reviere.) Im Winter ist er jedoch mit wenigen Exemplaren, von denen einige Wintergäste sind, am Eppendorfer Mühlenteich gut zu beobachten. Singschwäne brüten vor allem in skandinavischen Ländern. Die in Hamburg und Umgebung brütenden Paare gehen auf Zooflüchtlinge oder ausgesetzte Vögel zurück. „Sing"-Schwäne sind die ruflustigsten Schwäne: Sie geben im Flug laute, trompetenähnliche, häufig dreisilbige Rufe in verschiedenen nasalen Klangstufen von sich.

Gänse

Graugans (Anser anser) (270 Rev.)

E Grey-lag goose F Oie cendrée I Oca selvatica NL Grauwe gans PL Gęś Gęgawa R Серый гусь

Kap. 1
Schwäne, Gänse etc.

Hier: Graugans

Graugänse sind heutzutage in vielen Bereichen der Innenstadt anzutreffen. Ihr Bestand hat in jüngerer Zeit deutlich zugenommen. Manche meinen zu sehr – u. a. wegen der Verschmutzung durch ihre Hinterlassenschaften. Graugänse äsen ganz ungestört auf Grasflächen z. B. an der Kennedybrücke und natürlich im gesamten Umfeld der Außenalster. Sie stammen überwiegend von ehemaligen Aussetzungen ab.

Durch umfangreiche Farbberingungen wurde festgestellt, dass viele „Hamburger" Graugänse ganz oder teilweise außerhalb des Stadtgebietes überwintern wie z. B. in der Hummelsbüttler Feldmark, Friesenwerder Moor/Seevetal, bei der Staustufe Geesthacht.

Nach der Mauser Ende Juni wird überwiegend entlang der Unterelbe in der Wedeler Marsch „übersommert".

Am Ende des Zweiten Weltkriegs war die Graugans in Mitteleuropa durch Verfolgung weitgehend verschwunden.

Beginnend in den 1950er und 60er Jahren wurden im Hamburger Stadtgebiet zahme Graugänse angesiedelt. Eine Durchmischung der inzwischen halbwilden Gänse mit Wildgänsen geschieht wahrscheinlich regelmäßig.

Erstmals 1988 wurden am Öjendorfer See im Osten Hamburgs Graugänse mit Ringen der Vogelwarte Helgoland markiert.

Das Ziel: Es soll(t)en die Anpassungen an das Stadtleben, die Aufenthaltsorte während der Jahreszeiten und das Zugverhalten ermittelt werden.

Seit Anfang der 2000er Jahre werden dreistellige blaue Farbringe mit weißer Schrift zusätzlich verwendet, da sie leichter abzulesen sind.

Aber lassen wir nach dieser theoretischen Einführung doch einmal die auf dem Foto gezeigte weibliche Graugans mit dem blauen Farbring Nr. 346 persönlich zu Wort kommen:

Während sich Hamburgs Graugänse, unten links, kunterbunt ohne jedwede Ordnung durcheinanderbewegen, zeigen diese Pfeifgänse – White faced whistling ducks – im westafrikanischen Gambia geradezu preußische Ordnung und Disziplin: Achtung! Alle Augen rechts! Abflug! Da reden manche Menschen über „afrikanische Disziplinlosigkeit"!

*Links unten: Ungeniert äsen die Graugänse auch während der Hauptverkehrszeit mitten in der Innenstadt. Hier: Ecke Alte Lombardsbrücke/Ballindamm
Unten rechts: „Links mit dem Ring 346 sehen Sie mich. Daneben mein Verehrer, der Ganter, mit Ring 355."*

„Ich wurde am 26.4.2006 mit meinen fünf Geschwistern im Naturschutzgebiet Eppendorfer Moor geboren. Mein erstes Lebensjahr verbrachte ich im Eppendorfer Hayns Park. Eine schöne Kindheit in passender Umgebung. Den Winter erlebte ich häufig in angenehmer Gesellschaft mit vielen anderen Wasservögeln im Winterquartier des Eppendorfer Mühlenteichs. Futtermangel kannten wir dort nie!

Am Anfang der neuen Brutzeit, genauer gesagt ab Ende Februar, lösten sich unsere Familien auf. Wir Junggänse mussten nun allein zurechtkommen. Das war nicht einfach.

Mitte Mai bis Mitte Juni war ich mit vielen anderen Graugänsen auf der Außenalster. Zum ersten Mal bekam ich neue Schwingfedern während der sogenannten Mauserzeit, während der wir flugunfähig sind. Eine etwas unangenehme und auch gefährliche Zeit war das.

Als ich wieder fliegen konnte, verließ ich mit vielen anderen Artgenossen das schöne Hamburg. Unter uns gesagt: Ich trieb mich dann ein wenig herum. Ende November 2007 war ich mit hunderten rastender Graugänse in den Niederlanden, und zwar auf den Feldern im Gelderland in der östlichen Mitte des Landes.

Ich hatte meine Heimat jedoch nicht vergessen. Anfang Januar 2008 waren mein flotter Ganter mit dem Ring ‚355' und ich am Wandsbeker Mühlenteich. Kennengelernt hatten wir uns vorher ja schon im Naturschutzgebiet Eppendorfer Moor, wo er im Jahr 2005 schlüpfte, wie er mir erzählte. Na ja, Ringe trugen wir ja schon. Die logische Folge: Wir verpaarten uns.

2009 brütete ich dann an meinem Geburtsort im Eppendorfer Moor. Leider war meine Brut dort nicht erfolgreich.

Den folgenden Sommer verbrachten mein Ganter und ich außerhalb Hamburgs. Den Rest des Jahres hielten wir uns meistens im Eppendorfer Hayns Park auf.

Mein Ganter ‚355' kehrte im September 2011 früher als üblich nach Eppendorf zurück – aber ohne mich.

Was mir widerfuhr, möchte ich Ihnen nicht im Einzelnen schildern. Es passierte ... gagaga ... Gagagaaaa!! ..."

Hier endet plötzlich der persönliche Bericht der Graugans.

Am 4.2.2012 wurde während einer Wattwanderung bei der Cuxhavener Kugelbake der Metallring der Graugans „346" gefunden. Flog sie vielleicht gegen eine der Hochspannungsleitungen, welche die Elbe überqueren? Wurde sie möglicherweise die Beute eines Seeadlers? Wir wissen es nicht.

Aber was wir genau kennen, sind die obigen von der Graugans übermittelten Daten. Sie wurden nämlich alle schwarz auf weiß festgehalten von Simon Hinrichs, der zusammen mit Hans-Joachim Hoff Leiter des Projekts Graugansberingung ist. (www.gans-hamburg.info)

Kap. 1
Schwäne, Gänse etc.

Hier: Graugans

Manchmal machen sich die Graugänse nützlich: Hier sorgte eine Graugans dafür, dass jede Schildkröte im Alten Botanischen Garten einen Platz an der Sonne erhielt. So viel Ordnung lockte eine neugierige Blässralle heran.

Kanadagans (Branta canadensis) (55 Rev.)

E Canada goose F Bernache du Canada I Oca del Canada
NL Canadese gans PL Bernikla kanadyjska R Канадская казарка

Seit den 1950er Jahren wurden etliche Kanadagänse ausgesetzt. Zwischenzeitlich hat sich diese Art gut akklimatisiert und ist z. B. im Stadtgebiet rund um die Außenalster als „wilder" Brutvogel gut etabliert.

Kanadagänse sind kräftiger als Graugänse, aber bei der Brut nicht so erfolgreich.

Eine Kanadagans erzählt: *„Ich trage den Farbring 150, der mir am 28.6.2003 in Kronshagen/Kiel angepasst wurde. Dann sah man mich am 28.9.2010 am Bredenbeker Teich bei Hamburg, und schließlich beobachtete mich der Autor höchstpersönlich am 18.2.2012 am Eppendorfer Mühlenteich. Wo ich jetzt bin? Tja, da müssen Sie mal auf die Beine meiner hiesigen Verwandtschaft schauen. Wenn Sie mich finden, könnten Sie das ja mal dem Beringer Sönke Martens melden: S.Martens@KH-Itzehoe.de. Der freut sich. Es bleiben theoretisch noch einige Jahre Zeit, wenn Sie mich beobachten wollen. Wir Kanadagänse können nämlich durchaus zwanzig Jahre alt werden."*

„Wie finden Sie meine Großfamilie?"

Brandgans (Tadorna tadorna) (200 Rev.)

E Shelduck F Tadorne de Belon I Volpoca NL Bergeend PL Ohar R Пеганка

Diese hübsche Gans wird häufig auch als Brandente bezeichnet, wie Sie unschwer aus der englischen und holländischen Bezeichnung ersehen können.

Mit ihrem fuchsroten Gürtel um den Vorderkörper, dem grünlich schwarzen Kopf und Hals, dem vielen Weiß sowie dem roten Schnabel ist sie eine wahre Schönheit. Das Männchen hat außerdem einen roten Schnabelhöcker.

Im Innenstadtbereich werden Sie diesen Vogel leider nicht beobachten können. Er lebt vor allem im Elbtal und in seinen benachbarten Geestflächen sowie in der Nähe des Hafens auf den mit Sand aufgespülten Industriebrachen.

Interessant ist, dass diese Art ein Höhlenbrüter ist. Sie brütet vorwiegend in sandigem Untergrund und bezieht gern verlassene Kaninchenbauten. Nicht selten legen die Altvögel mit den frisch geschlüpften Jungen kilometerlange Märsche über Land bis zum nächsten Gewässer zurück.

Und wo verbringen diese prächtigen Vögel ihre „Sommerferien"? Von Juli bis Anfang August sammeln sie sich mit ihren Artgenossen im Nationalpark Schleswig-Holsteinisches Wattenmeer, und zwar rund um die Elbmündung und auf der Vogelinsel Trischen. Dort kommen bis zu 200.000 Brandgänse zusammen: Das ist fast der gesamte Bestand Nordwesteuropas. Da sie während dieser Zeit die Federn ihrer Flügel abwerfen, sind sie bis zu drei Wochen flugunfähig – und verlieren etwa ein Drittel ihres Gewichts.

Kap. 1
Schwäne, Gänse etc.

Hier: Brandgans

Oben: Brandgänse in „Hab-Acht-Stellung" auf der Hohen Schaar/ Wilhelmsburg
Unten: Mutter Brandgans führt ihre Jungen aus – wahrscheinlich zum Wasser. Wir erkennen das Weibchen an dem fehlenden Schnabelhöcker, der dem Männchen vorbehalten ist.

Nilgans (Alopochen aegyptiacus) (20 Rev.)

E Egyptian goose F Oie d'Egypte I Oca egiziana NL Nijlgans
PL Gęś egipska R Нильский гусь

Mit nur 20 Revieren gehört die Nilgans natürlich nicht zu Hamburgs 77 häufigsten Arten, auch wenn Sie im Hamburger Umland manchmal Gruppen bis zu 25 Vögeln sehen können.

Ursprünglich stammt diese Gänseart tatsächlich aus Ägypten, wie mehrere Benennungen in anderen Sprachen anzeigen. Ihr heutiges Hauptverbreitungsgebiet befindet sich in Afrika südlich der Sahara. Im 17. Jahrhundert wurde die Nilgans in Großbritannien eingeführt. In Europa kommt sie vorwiegend im Osten Englands, in den Niederlanden und Belgien vor.

Erst 1998 wurde diese Art zum ersten Mal auf Hamburger Gebiet als Brutvogel nachgewiesen. Seitdem hat sie sich stark verbreitet, und das nicht nur in Hamburg!

Ich stelle sie Ihnen vor, da es ein Vogel mit besonders hübschem Gefieder ist: Die Oberseite ist rotbraun, die Unterseite graubeige, die Flügel zeigen bei Öffnung viel Weiß und Schwarz. Um das Auge hat sie einen etwas lustigen dunkelbraunen Fleck, der mit dem grauen Kopf kontrastiert.

Rechts: Diese Nilgans labt sich genüsslich an dem frischen Frühlingsgras.

Unten: Hier öffnet sie bereitwillig ein wenig ihre hübschen Flügel – extra für Sie!

Enten

Stockente (Anas platyrhynchos) (2.800 Rev.)

E Mallard F Canard col-vert I Germano reale NL Wilde eend PL Krzyżówka R Кряква

Kap. 1
Schwäne, Gänse etc.

Hier: Stockente

Die Stockente ist mit Abstand die häufigste Entenart in Europa und ebenfalls in Hamburg. Die Erpel tragen von Oktober bis Mai ihr Prachtkleid. Mit ihrem glänzend grünen Kopf, schmalem weißem Halsband und tiefbrauner Brust sind sie sehr ansehnlich. Die Weibchen haben ein schwarz gemustertes braunes Gefieder. Beide Geschlechter besitzen einen leuchtenden, metallisch-blauen Spiegel im Flügel.

Die Stockente ist an allen stehenden oder langsam fließenden Gewässern zu beobachten. Meist sucht sie sich ihre Brutplätze im hohen Gras, in Gebüschen oder Stauden. Gelegentlich werden auch mal extravagante Plätze gewählt wie Balkonkästen.

Übrigens geht der Name auf den allerdings selten gewählten Brutplatz auf Kopfweiden zurück, die man „auf den Stock schneidet".

Die Stockente ist die größte europäische „Gründelente". Sie tauchen nicht, sondern stecken den Kopf mit vorgestrecktem Vorderkörper tief in das Wasser, um dort ihre Nahrung zu suchen. Daher rührt das Kinderlied „Alle meine Entchen/schwimmen auf dem See/Köpfchen in das Wasser/Schwänzchen (Beinchen) in die Höh'".

Oben: „Ja, ja, was gucken Sie so? Ich war in Legenot, musste das Ei schnellstens ablegen, hatte kein Nest. Landete schnell in diesem Rahlstedter Garten. So what?"

Links: Zwei Stockentenpaare haben im Winter eine kleine eisfreie Wasserfläche in Planten un Blomen entdeckt – sozusagen „unter den Augen des Fernsehturms".

Reiherente (Aythya fuligula) (450 Rev.)

E Tufted duck F Fuligule morillon I Moretta NL Kuifeend
PL Czernica R Хохлатая чернеть

Die rundliche kleine Reiherente ist die zweithäufigste brütende Entenart in Hamburg. Ihr Name rührt von dem kleinen Schopf bzw. kleinen Federbüschel her, den die Männchen im Prachtkleid am Hinterkopf tragen. Er soll an die „Reiherfeder" erinnern.

Die Erpel dieser kleinen Tauchente fallen auf durch ihr schwarzes Vorderteil, den schwarzen Rücken, der in schönem Kontrast zu der weißen Seite steht, und die hübschen gelben Augen.

Die Reiherente ist heutzutage weit verbreitet im Hamburger Gebiet. Erstaunlich, dass sie hier erst seit etwa Ende der 1930er Jahre als Brutvogel vorkommt. Sie ist sehr gut zu beobachten im City-Bereich z. B. an der Alster, im Alten Botanischen Garten, in den Wallanlagen. Sie besiedelt alle möglichen Teiche und kleinen Gewässer.

Rechts: Zwei Reiherentenpaare erholen sich von den Strapazen des Tages und schlafen auf der winterlichen Binnenalster.

*Unten: „Na ja, das andere Foto zeigt die trübe Winterstimmung. Nun schauen Sie aber **mich** mal an: Habe ich nicht einen wunderschönen Kopf mit meinem kleinen ‚Reiherschopf'? Und was sagen Sie zu meinen gelben Augen?", fragt der etwas eitle Erpel.*

Löffelente (Anas clypeata) (40 Rev.)

E Shoveler F Canard souchet I Mestolone NL Slobeend
PL Płaskonos R Широконоска

Diese Entenart fällt sofort durch ihren „Löffel"-Schnabel auf, den beide Geschlechter besitzen. Darüber hinaus ist der Erpel mit seiner kastanienbraunen Seite, dem weißen Vorderteil und dem grünen Kopf ein besonders hübscher Vogel.

Kap. 1
Schwäne, Gänse etc.

Hier: Löffelente

Im Stadtgebiet werden Sie diese Entenart leider nicht erspähen, denn ihr Verbreitungsgebiet beschränkt sich vor allem auf die Elbmarschen.

Das Hamburger Gebiet spielt für diese Entenart eine sehr wichtige Rolle. Bevor das Süßwasserwatt Mühlenberger Loch für die Airbus-Werkserweiterung zwischen 2000 und 2003 zum Teil zugeschüttet wurde, stellte es ein sehr bedeutendes Rastgebiet für die Löffelente dar. Häufiger wurden dort während des Vogelzuges mehr als 1.000 dieser schönen Enten beobachtet. Es war praktisch ein „Trittstein" auf dem Weg in andere Gefilde. Nebenbei erwähnt war es auch ein Rast- und Nahrungsbiotop für etliche andere Vogelarten – u. a. für die Krickenten.

Nach der Teil-Zuschüttung des Mühlenberger Lochs wurde als Natur-Ausgleichsmaßnahme ein Ersatz-Süßwasserwatt im Westteil der Elbinsel Hahnöfersand geschaffen. Ein im Februar / März 2013 abgeschlossenes Monitoring zeigt, dass dieser Ausgleich bei manchen Vogel- und Pflanzenarten einigermaßen bis gut funktioniert hat. Aber ausgerechnet bei der Löffelente stellte sich heraus, dass dort nur durchschnittlich 50 anstatt der erhofften 1.000 Vögel rasten.

Im Herbst 2012 beschloss dann der Senat, den Holzhafen in der Billwerder Bucht als Naturschutzgebiet auszuweisen, wo sich allerdings ohnehin bereits regelmäßig 300–380 Löffelenten einfinden. Der Holzhafen als Naturschutzgebiet ist selbstverständlich eine gute Nachricht. Bravo!

Für die hübschen Löffelenten trägt Hamburg als Raststation an der Elbe eine besonders große Verantwortung. Hier ist ein Erpel zu sehen.

Allerdings ist er zu klein, um die für die Löffelente und andere Vogelarten lebenswichtige Funktion des ehemaligen Mühlenberger Lochs erfüllen zu können. Ein vollwertiger Ausgleich kann damit nicht geschaffen werden. So monierte der BUND zu Recht, dass der Hamburger Senat versucht, „sich mit einer Sowieso-Maßnahme aus der Verantwortung zu stehlen".

Hier erkennt man mal wieder, dass es unmöglich oder zumindest enorm schwierig ist, für einmal zerstörte Naturräume einen halbwegs gleichwertigen „Ersatz" zu finden!

Mandarinente (Aix galericulata) (6 Rev.)

E Mandarin duck F Canard mandarin I Anatra mandarina
NL Mandarijneend PL Mandarynka R Мандаринка

Obwohl diese Entenart nicht zu den „77 häufigsten" Vogelarten Hamburgs gehört, stelle ich sie Ihnen wegen ihres besonders prächtigen Gefieders vor.

Wie Sie aus den obigen Benennungen ersehen, kommt in allen Sprachen „Mandarin" vor. Diese

Ente erhielt ihren Namen nach den Mandarinen, den früheren chinesischen Staatsbeamten, die eine gelbe Amtstracht trugen. Übrigens verdankt auch die Frucht „Mandarine" ihren Namen der Farbe jener Amtstracht.

Bei dem farbenfrohen Mandarinerpel sind der Hals und die Flügel-„Segel" gelblich bis orangerot. Obwohl das Weibchen nicht farbenprächtig ist, kann man von beiden Geschlechtern sagen, dass sie eine merkwürdige, fast künstliche Schönheit besitzen.

**Kap. 1
Schwäne, Gänse etc.**

Hier: Mandarinente

Diese putzige Entenart hat auch eine interessante griechisch-lateinische Namensgebung: Das griechische Wort „Aix" bedeutet eigentlich Ziege, wurde aber von Aristoteles als Bezeichnung für eine Wasservogelart verwendet. „Galerus" bedeutet u. a. Perücke, „gula" heißt Kehle. „Galericulata" kann also mit „einer Perücke an der Kehle" übersetzt werden. In manchen Bestimmungsbüchern wird diese „Perücke" als „Koteletts" bezeichnet.

Ursprünglich sind die hiesigen Mandarinenten ausgesetzt oder Zooflüchtlinge. In Hamburg gibt es seit 30 Jahren immer mal wieder die eine oder andere Brut, wobei diese Entenart in Baumhöhlen oder Nistkästen brütet.

Dagegen beträgt der Bestand in Berlin 80-120 Brutpaare – ist also 15- bis 20-mal höher als in Hamburg. Hier bleibt dem Hamburger nur zerknirscht zu knurren: „Tja, Hauptstadt bleibt eben Hauptstadt …"

In Hamburg treffen wir Mandarinenten am ehesten im Westen an wie z.B. im Jenisch-, Wesselhoeft- oder Hirschpark. Ich beobachtete sie auch schon an der Elbe bei Teufelsbrück und vor Jahren einmal im Eimsbüttler Park „Am Weiher".

*Linke Seite unten:
Natürlich ist der Erpel nicht an Buntheit und Extravaganz zu übertreffen. Aber das Weibchen hat mit seinen feinen weißen Abzeichen am Auge und Schnabel sowie den weißen Flecken durchaus etwas sehr Apartes.*

*Unten:
Der Mandarinerpel bestand darauf, sich einmal allein zu präsentieren, damit sein außergewöhnliches Gefieder so richtig zur Geltung kommt.*

"Exoten-Ente"

„Achtung! Eine „Exoten-Ente" an der Außenalster! Dringend!"

… So rief mich jüngst ein höchst aufgeregter Herr an und fuhr fort: „Hier an der Außenalster hält sich eine sehr seltsame exotische Ente auf! Ich habe zwei Bestimmungsbücher genau durchgesehen. In beiden war sie nicht abgebildet. Es muss eine seltene exotische Art sein!"

Ich radelte unverzüglich an die angegebene Stelle. Und sah sie sofort – diese angeblich exotische Seltenheit. Sie war recht hübsch anzusehen …

Aber leider handelte es sich um eine Bastard-Ente. Auf diese stoßen wir immer wieder an Alster und Elbe. Sie sind meist aus Paarungen zwischen Stockenten und Hausenten entstanden und zeigen nicht selten ein schönes Gefieder.

Damit schließe ich das Kapitel „Enten" ab. Es bleiben vielleicht noch zwei Fragen hierzu zu beantworten.

Die erste lautet: „Warum frieren Enten nicht an den Füßen?" Antwort von Marco Sommerfeld, Leiter der Carl Zeiss Vogelstation in Hamburg: „Obwohl die Enten barfuß unterwegs sind, gelangt die Kälte nicht in ihren 40 Grad warmen Körper. Ein spezielles Wärmeaustausch-System verhindert, dass sie über ihre nackten Beine Wärme verlieren … Die Temperatur der Füße liegt nur wenige Grade über null. Deshalb kann das Eis auch nicht anschmelzen und an den Füßen der Vögel gefrieren."

Auf die zweite Frage: „Warum stehen Enten und Möwen häufig auf einem Bein?", antworte ich ganz unwissenschaftlich: „Würden sie das zweite Bein auch anziehen, so fielen sie auf den Bauch!"

Kopf und Schnabel bei dieser Bastard-Ente zeigen, dass auch ein Stockentenerpel „mitgemischt" hat. Das viele Weiß und fehlende Merkmale zeigen jedoch, dass es sich nicht um eine Stockente handelt. Bitte vergleichen Sie dieses Foto mit dem der Stockente auf Seite 23.

Fasan (Phasianus colchicus) (1.400 Rev.)

E Pheasant F Faisan de Colchide I Fagiono comune NL Fazant PL Bażant R Фазан

Griechen und Römer nannten diesen Vogel „Phasianus" nach dem Phasis (heutzutage: Rion), einem Zufluss zum Schwarzen Meer im heutigen Georgien. Colchicus = Kolchis ist eine Tiefebene am östlichen Schwarzen Meer, wo der Fasan früher sehr häufig vorgekommen sein soll.

**Kap. 1
Schwäne, Gänse etc.**

Hier: Fasan

Der Fasan wird auch als Jagdfasan bezeichnet. Die Männchen tragen im Unterschied zu dem Ringfasan keinen weißen Ring am Hals. Der Jagdfasan wurde schon im Altertum in Südeuropa eingebürgert, während der Ringfasan in der Neuzeit in Mitteleuropa ausgewildert wurde. Beide Arten haben sich zum Teil vermischt, so dass wir heute meist nur vom „Fasan" sprechen.

Die besonders bunten Männchen mit ihrem langen Schwanz kontrastieren mit den unscheinbaren braun gefärbten Weibchen. Im innerstädtischen Raum werden Sie diesen hübschen Vogel leider nicht antreffen, denn er liebt die halboffene Kulturlandschaft. Die meisten Fasane kommen in den Hamburger Elbmarschen vor.

Fasane laufen möglichst in Deckung. Daher werden Sie auf diese Vögel am ehesten durch ihren grellen, heiseren, weit hörbaren Doppelruf aufmerksam, der sich wie „Körr-Kok" anhört.

Wenn Sie zufällig einen Fasan aufstöbern, erschrecken Sie nicht: Sein Auffliegen ist stets mit einem kräftigen Geräusch verbunden.

Dieser prachtvolle Fasanenhahn hat es eilig. Er will schnellstens nach links in die nicht im Bild zu sehende Deckung laufen.

Taucher

Haubentaucher (Podiceps cristatus) (180 Rev.)

E Great crested grebe F Grèbe huppé I Svasso maggiore NL Fuut PL Perkoz dwuczuby R Чомга

Die lateinische Bezeichnung „cristatus" = mit Haube finden wir auch z. B. bei der Haubenmeise wieder.
    Die hübsche Haube unseres Tauchers ist allerdings nur bei den Männchen zu sehen. Während der Balz ist die Haube etwas aufgerichtet. Dann zeigt der Vogel seine ganze Schönheit: weißer Hals mit rostfarbener und schwarzer Kopfkrause. Im winterlichen Schlichtkleid bleiben der weiße Hals und ein schwarzer Scheitel. Die Jungvögel tragen keinen Kopfschmuck. Sie sehen aber sehr possierlich aus mit ihrem schwarz-weiß gestreiften Kopf und Hals.

Eine Liebesgeschichte in vier Bildern:
Man beobachtet sich – mehr oder weniger unauffällig …

Unten:
Es hat „gefunkt": Die Schaubalz ist in vollem Gange. Hier sehen Sie die „Pinguin-Pose", bei der sich beide Vögel durch schnelles Füße-Paddeln fast senkrecht voreinander aus dem Wasser heben. Beide Vögel präsentieren einander nicht etwa schmackhaften Salat zum Mittag, sondern Nistmaterial.

In Hamburg haben Haubentaucher stark zugenommen: In den 1960er Jahren waren es nur wenige Paare. Ende der 1990er Jahre wurden etwa 130 Paare gemeldet. Heute sind es um die 180 Reviere.

Die Vögel sind sehr leicht zu beobachten. Sie sind nicht sehr scheu und ihre Fluchtdistanz ist gering.

Auf der Außenalster und ihren Nebengewässern brüten regelmäßig etliche Paare. Sie bauen Schwimmnester meist in der Nähe des Ufers und häufig unter überhängenden Bäumen. Leider sind die Nester auch recht gefährdet. Das gilt insbesondere für die Kanäle mit Ruderboot- und Kanuverkehr. So haben z.B. am Isebekkanal zwischen der Hoheluftbrücke und dem Ende des Kanals am Weidenstieg im Jahr 2012 drei Paare gebrütet. Sie brachten mit jeweils zwei Bruten insgesamt lediglich 5 Jungvögel hoch. Ein Gelege hatte zwar taube Eier. Aber zerstört wurden die Nester zufällig oder mutwillig durch den Bootsverkehr.

Kap. 1
Schwäne, Gänse etc.

Hier: Taucher

Links: Das Weibchen wendet ihre fünf weißen Eier im Schwimmnest auf dem Isebekkanal.

Unten: Die beiden niedlichen Jungvögel mit ihrem zunächst noch schwarz-weißen Gefieder und den roten Flecken am Kopf fühlen sich sichtlich wohl auf dem Rücken der Mutter. Auch auf dem Wasser werden sie häufig so von der schwimmenden Mutter transportiert.

Zwergtaucher (Tachybaptus ruficollis) (17 Rev.)

E Little grebe F Grèbe castagneux I Tuffetto NL Dodaars
PL Perkozek R Малая поганка

Dieser kleine Taucher mit dem „rötlichen Hals", wie der wissenschaftliche Name besagt, ist in Hamburg die zweithäufigste Taucherart. Trotzdem ist er spärlich und auch nur lückenhaft verbreitet. Gern hält er sich auf Kleingewässern, Fischteichen oder Spülflächen auf. Im Winter kann man ihn auch immer wieder mal auf der Oberalster beobachten. So erspähte ich dort (Ohlsdorfer Schleuse) z. B. am 5.3.2013 vier Exemplare.

Den oben erwähnten roten Hals – präziser gesagt, sind es die kastanienbraunen Wangen und Kehle – hat er übrigens nur im Sommerkleid. Im Winter ist dieser eher niedliche, runde Taucher

Im Prachtkleid hat der Zwergtaucher kastanienbraune Wangen und Kehle sowie einen auffälligen weißen Schnabelfleck.

oben dunkelgrau und unten hellgrau. Sowohl im Winter- als auch im Sommerkleid erzeugt der gelblich grüne Schnabelwinkel einen typischen hellen Fleck am dunklen Kopf.

Zur Brutzeit lassen Zwergtaucher ein erstaunlich lautes, helles Trillern hören. Dieser vibrierende Triller ist oft lang hingezogen und kann mal steigend, mal abfallend sein. Durch diesen einprägsamen Triller verrät er häufig seine Anwesenheit.

Kap. 1
Schwäne, Gänse etc.

Hier: Zwergtaucher

Hier das schlichte Winterkleid, in dem er sich z. B. an der Oberalster häufiger zeigt

Kormoran (Phalacrocorax carbo) (195 Rev.)

E Cormorant F Grand cormoran I Marangone NL Aalscholver
PL Kormoran czarny R Большой баклан

Den Namen Kormoran finden wir in mehreren Sprachen wieder. Er geht zurück auf eine Verschmelzung des lateinischen „Corvus marinus" = „Seerabe". Das Schwarz dieses Vogels erinnert an die Farbe des Raben. Das lateinische „carbo" bedeutet Kohle. Genau genommen heißt der Vogel in seiner Übersetzung „kahlköpfiger Rabe". Der Eindruck von Kahlköpfigkeit wird durch kleine haarähnliche Federchen hervorgerufen, die den Kopf des Kormorans während der Brutzeit schmücken.

Das einzige Brutvorkommen in Hamburg existiert auf der Billwerder Insel. Interessant ist hier, dass sich die Nester zum Teil ganz nahe am Boden in Weidenbüschen befinden. Normalerweise sind Kormorane nämlich Baumbrüter. Dort brüten sie in Kolonien.

In früheren Zeiten gibt es keine Hinweise auf brütende Kormorane in Hamburg. Die ersten Ansiedlungen erfolgten Anfang der 1990er Jahre. Der heutige Bestand ist also eine ornithologische Erfolgsgeschichte.

Rendezvous auf der Außenalster: Der Kormoran im Brutkleid mit viel Weiß an Kopf und Hals besucht den „Mann auf Boje". Das Mannsbild wurde aus echtem Eichenholz von dem Künstler Stephan Balkenhol 1993 geschaffen. Der Kormoran scheint skeptisch zu fragen: „Na, wirst du auch nicht seekrank?"

An der Elbe und der Außenalster gehören Kormorane zum täglichen Stadtbild. Besonders an der Außenalster sind sie sehr schön zu beobachten. Sie sitzen dicht am Ufer auf den Steinen im Wasser z. B. auf der Westseite zwischen Alter Rabenstraße und dem ehemaligen US-Konsulat oder auf der Ostseite auf den Holzstegen des Cafés Hansasteg.

Ja, es stimmt. Kormorane fressen überwiegend Fische. Aber seien wir nicht so egoistisch! Wenn sie auf Hamburger Gebiet brüten, holen sie sich vor allem Fische aus der Elbe und Alster … und das sind heutzutage nicht unbedingt die saubersten Fischdelikatessen.

In China und einigen anderen asiatischen Ländern werden heute noch in geringem Umfang gezähmte Kormorane zum Fischfang abgerichtet. Sie sitzen auf den kleinen Fischerbooten, um dann in einer Tiefe von bis zu 50 Metern nach Fischen zu tauchen, was ihnen meist innerhalb von weniger als einer Minute gelingt. Damit sie die Fische „abliefern" und nicht selbst fressen, haben sie einen Ring oder eine Schnur um die Kehle.

Kap. 1
Schwäne, Gänse etc.

Hier: Kormoran

Hier zeigt uns ein Kormoran aus der Nähe seine schönen „Schmuckfedern" am Kopf. Beachten Sie bitte die kräftigen Schwimmhäute. Ort: Alter Botanischer Garten im Herzen der Stadt

Die einzige Kormoranbrutkolonie auf Hamburger Gebiet, und zwar auf der Billwerder Insel. Bemerkenswert ist, dass sich etliche Nester in Bodennähe befinden. Meist brüten Kormorane in Kolonien auf hohen Bäumen.

Graureiher (Ardea cinerea) (95 Rev.)

E Grey heron F Héron cendré I Airone cenerino NL Blauwe reiger PL Czapla siwa R Серая цапля

Am 3.4.2012 landete dieser Graureiher direkt vor mir auf dem Ziegeltürmchen neben dem Teich im Eppendorfer Park und bot sich als Fotomodell an. Der kräftige Wind zerzauste sein Gefieder und verwehte seine schwarze Reiherfeder nach rechts unterhalb seines Schnabels.

Einst wurde er „Fisch"-Reiher genannt. Korrekter ist der Name Graureiher, denn er frisst zwar auch Fische, aber beileibe nicht nur diese. Unter anderem stehen Mäuse, Amphibien und Insekten auf seinem Speiseplan.

Das Wort Reiher leitet sich von dem Indogermanischen „kreikr" = „heiser schreien" ab. In der Tat ruft der Graureiher laut und krächzend in etwa „K r a u r k".

Das lateinische Wort „cinerea" ist abgeleitet von „cinis" = Asche. Somit haben wir wörtlich den „aschgrauen Reiher".

Im Flug unterscheiden sich Graureiher von anderen Großvögeln durch den nach hinten zurückgelegten Hals, während Störche und Kraniche mit gestrecktem Hals fliegen. Typisch für Graureiher sind dabei die langsamen, schweren und weit nach unten gebogenen Flügelschläge.

Die Bestandsentwicklung des Graureihers in Hamburg ist eine kleine Erfolgsgeschichte: Anfang der 1960er Jahre wurde er als Brutvogel in Hamburg nicht mehr gemeldet. 1989 brütete er zunächst im Duvenstedter Brook. Heute befindet sich die größte Hamburger Brutkolonie am Bramfelder See mit etwa 40 Paaren. Weitere, kleinere Kolonien gibt es im Duvenstedter Brook, Öjendorfer See und in Altengamme. Meist werden die Nester in Bäumen gebaut, gelegentlich sind sie bodennah im Schilf oder in Weidengebüschen. Schon im Spätwinter, wenn die Laubbäume noch kahl sind, beginnen die ersten Nestbauaktivitäten.

Auffällig ist, dass dieser Vogel immer weniger scheu wird und bis in die Innenstadtbereiche vordringt. Ich beobachtete ihn regelmäßig an der Außenalster, im Eppendorfer Park, am Isebekkanal und in Planten un Blomen.

**Kap. 1
Schwäne, Gänse etc.**

Hier: Graureiher

*Oben:
In Planten un Blomen an den Wasserkaskaden ist jetzt Gefiederpflege angesagt – nachdem dieser fast zutrauliche Graureiher einen Goldfisch verspeist hat.*

*Mitte:
„Auf Wiedersehen – hat gut geschmeckt!" Nun heißt es aber „Weg von hier!". Immerhin zeigt uns nun der Vogel sein typisches elegantes Flugbild mit dem Hals in S-Form.*

*Unten:
„Außer Konkurrenz" – aber diesen prächtigen Seidenreiher wollte ich Ihnen nicht vorenthalten. Ich traf ihn am Milchsee, Kandy/Sri Lanka.*

Weißstorch (Ciconia ciconia) (19 Rev.) (Z. = Zugvogel)

E White stork F Cigogne blanche I Cicogna bianca NL Ooievaar PL Bocian biały R Белый аист

Das Wort „Storch" geht auf das Althochdeutsche „storah" zurück, das im Mittelhochdeutschen bereits zu „storch(e)" wurde. In Englisch und Schwedisch findet sich die gleiche Wurzel in dem Wort „stork" wieder.

Der Storch spielt in Deutschland eine wichtige Rolle, die sich in etlichen Kinderliedern und Gedichten widerspiegelt. Da er in der deutschen Mythologie die Kinder bringt – im Gegensatz zu Frankreich, wo die Kinder aus Kohlköpfen stammen –, ist der Storch folglich auch in demographischer Hinsicht von größter Bedeutung …

Erfreulicherweise irrt sich hier der Opa. Noch! Denn durch zahlreiche Schutzmaßnahmen hat sich zurzeit der Storchenbestand zumindest in Deutschland etwas stabilisiert. Hoffentlich auf Dauer!

Die bekanntesten Kinderlieder dürften sein „Storch, Storch, bester, bring uns eine Schwester …" und das schöne Lied von Hoffmann von Fallersleben:

> *Auf unserer Wiese gehet was,*
> *es watet durch die Sümpfe,*
> *es hat ein schwarz-weiß Röckchen an …*
> *   … (mit der emanzipatorischen Pointe):*
> *Nein, es ist F r a u S t ö r c h i n!*

Kap. 1
Schwäne, Gänse etc.

Hier: Weißstorch

Aber wieso bringt ausgerechnet der Storch die Kinder? Nun zunächst muss es logischerweise ein großer Vogel sein, denn kein Kind würde glauben, dass z. B. die Kohlmeise oder der Buchfink ein Baby tragen könnte. Ein weiterer Grund: In der deutschen Mythologie wohnten die Seelen der Kinder im Wasser, an dem sich Störche gern aufhalten. Zu dieser Überlieferung passt der Name „Adebar", was im Althochdeutschen Seelen- bzw. Glücksbringer bedeutet.

Auch heute noch gilt dieser majestätische und hübsche Vogel als Glücksbringer und natürlich als Frühlingsbote. In Deutschland brüteten im Jahr 2012 rund 5.000 Weißstorchpaare, davon 3.100 in den ostdeutschen Bundesländern. Diese recht erfreuliche Anzahl geht zum einen auf verstärkte Schutzbemühungen zurück. Zum anderen ist sie in einem veränderten Zugverhalten begründet. Der Klimawandel macht es möglich: Er führt zu einer Zugverkürzung, denn immer häufiger überwintern Störche in Spanien, anstatt weit nach Afrika hineinzufliegen.

Auch das ist Hamburg, und zwar Kirchwerder. Das Storchenpaar steht auf dem Reetdach des „Hofs Eggers". Im Hintergrund ist die Riepenburger Mühle zu sehen.

Auf Hamburger Gebiet siedelt der Weißstorch vor allem in den Vier- und Marschlanden. Um den Bestand von 15–19 Brutpaaren zumindest bewahren zu können, werden besondere Anstrengungen unternommen – u.a. vom NABU mit seinem Storchenexperten Jürgen Pelch. So wurden z.B. neue Storchenflechtkörbe verbaut. Nunmehr gibt es in Hamburg 50 Storchennester, die theoretisch bezogen werden könnten. Da mehrere Störche durch Hochspannungsleitungen getötet wurden, brachte man an den Leitungen Anfang 2013 zum Schutz der Störche Lamellen an.

2011 war ein gutes Storchenjahr für Hamburg: 19 Paare zogen 46 Jungtiere auf. 2012 kamen zwar 23 Storchenpaare hierher zurück. Leider brüteten von ihnen nur 15 Paare, die 37 Junge aufzogen. Die jeweiligen Wetterverhältnisse haben natürlich einen erheblichen Einfluss auf den Bruterfolg. Laut Herrn Pelch gab es 2013 eine Rekordzahl von 26 Brutpaaren. Geschätzte Anzahl der Jungstörche ca. 50.

Während es also an potenziellen Nestern nicht mangelt, ist es der Flächenfraß und damit verbunden das abnehmende Nah-

„Errare humanum est" – oh, Pardon. Ich meine, auch ein Storch kann sich irren. (Fruchtbiotop)

"Juchhuu! Ein nagelneues Feuchtbiotop wird eröffnet!" — "Bleib ruhig, Alter, in einem Schwimmbad gibt's keine Frösche!"

rungsangebot, das Hamburgs Störchen die größten Probleme bereitet. Meister Adebar braucht feuchte Wiesen, kleine Tümpel, Teiche und extensiv bewirtschaftete Flächen. Aber viele Feuchtwiesen gehen verloren u. a. durch den unsinnigen Anbau von Mais für die Energiegewinnung.

Kap. 1
Schwäne, Gänse etc.

Hier: Weißstorch

Ein Storchenpaar aus der Nähe. Der linke Vogel beginnt gleich zu „klappern". Im Hintergrund ist gut die typische Beetstruktur der Felder in Curslack zu erkennen.

Traditionell werden Storchennester auf Häusern über viele Jahre bezogen. Bekannt ist das Strohdachhaus Großmoordamm 276. Auf dem 1806 errichteten ehemaligen Fachwerkhaus brüten Störche seit Generationen. Unter anderem dokumentiert bereits ein Foto von ca. 1908 ein schönes Storchennest auf diesem Gebäude. Das hier brütende Paar findet seine Nahrung heutzutage insbesondere in dem benachbarten Neuland.

Interessantes ist auch von dem Storchenpaar auf dem Curslacker Hof Grundmann in den Vier- und Marschlanden zu berichten: Dort wurde vom NABU eine Webcam installiert, so dass die interessierte Öffentlichkeit den Brutverlauf des dortigen Paares regelmäßig verfolgen konnte.

2 Greifvögel, Kranich, Rallen, Austernfischer, Kiebitz, Möwen

Greifvögel

Die Bezeichnung „Raubvögel" ist nicht korrekt. Kein Tier raubt. Daher hat sich zu Recht der Name „Greifvögel" durchgesetzt. „Rauben" passt viel eher zu den Menschen: Sie schießen, fangen, töten, was die Natur zu bieten hat. Und das häufig nicht einmal, um zu (über-)leben.

Mäusebussard (Buteo buteo) (430 Rev.)

E Buzzard F Buse variable I Poiana NL Buizerd PL Myszołów R Обыкновенный канюк

Nomen est omen: Die Hauptnahrung dieser Bussardart sind Mäuse. Daher auch sein älterer Name „Mauser".

Mäusebussarde sind mit Abstand die häufigsten Greifvögel nicht nur in Hamburg, sondern in ganz Europa. Noch im 19. Jahrhundert wurden sie stark verfolgt. In den vergangenen Jahrzehnten hat diese Art deutlich zugenommen.

Aufmerksam hält der Mäusebussard Ausschau nach Beute. Sehr deutlich sind seine scharfen Krallen zu erkennen.

Die Färbung von Mäusebussarden variiert erheblich: Überwiegend sind sie grau- bis rotbraun mit gebänderter Unterseite oder dunkelbraun und unten weiß gefleckt. Manche Mäusebussarde haben sogar eine durchgehende weiße Unterseite mit viel Weiß im Oberflügel.

Eigentlich lebt dieser Greifvogel an Waldrändern und halboffenen Kulturlandschaften mit angrenzenden Wiesen und Feldern. Dort sitzt er auf einzelnen Bäumen, Pfählen oder Pfosten eines Weidezauns auf „Ansitz", um von dort Mäuse zu jagen. Wir sehen ihn ebenfalls häufiger am Rande von Autobahnen ansitzen, wo er auf überfahrene Tiere hofft.

In Hamburg ist er zunehmend im Stadtgebiet zu beobachten, und zwar in Parks, größeren Gärten oder Grünanlagen. Während der Zugzeit segeln immer mal wieder kleinere Gruppen dieser Vögel über das Stadtgebiet. Wahrscheinlich werden Sie ihn daher im Stadtgebiet häufiger in der Luft als sitzend beobachten.

Sein Flugbild ist typisch: Breite Flügel, breiter gerundeter Schwanz und sehr kurzer Hals. Er kreist gern, wobei die Flügel leicht V-förmig angehoben sind. Gelegentlich rüttelt er.

Nicht selten macht er durch seinen klagenden, meist langgezogenen, fast miauenden Ruf „Hiääh" auf sich aufmerksam. Aber Vorsicht: Nicht alles, was so ruft, ist immer ein Mäusebussard! Sehr gern wird dieser Ruf nämlich vom Eichelhäher imitiert.

Kap. 2
Greifvögel etc.

Hier: Mäusebussard

Ein Mäusebussard im Flug: Charakteristisch sind breite Flügel, breiter gerundeter Schwanz, kurzer Hals, meist kreisend, ab und an mal rüttelnd.

Turmfalke (Falco tinnunculus) (160 Rev.)

E Kestrel F Faucon crécerelle I Gheppio NL Torenvalk
PL Pustułka R Обыкновенная пустельга

Das lateinische „tinnio" – wir denken sogleich an den höchst unangenehmen Tinnitus – heißt klingeln oder schreien. Turmfalke bedeutet so viel wie „kleiner Schreihals". Ein nicht unbegründeter Name, denn tatsächlich ruft dieser Falke während der Brutzeit scharf, laut und schrill „Kii-Kii".

Für Falken allgemein sind spitze Flügel und ein schlanker Schwanz typisch. Für den Turmfalken ist der Rüttelflug zusätzlich charakteristisch. Daher lautet sein anderer gängiger Name „Rüttelfalke". Beim Rütteln mit vibrierenden Flügeln stellt er sich häufig gegen den Wind, beobachtet den Boden unter sich und stößt in steilem Winkel hinab auf seine Beute wie Mäuse, Kleinvögel, Frösche oder Insekten.

Auch von einer Sitzwarte mit guter Aussicht kann er die leiseste Bewegung eines potenziellen Beutetieres beobachten. Dabei ist er sogar in der Lage, für uns unsichtbare ultraviolette Reflexionen der Urinspuren von Wühlmäusen zu erkennen!

Eigentlich ist dieser Falke ein Felsbrüter. Mangels Felsen in der Stadt hat er sich angepasst und brütet weit verbreitet an Gebäuden, insbesondere in Kirchtürmen. Gelegentlich nimmt er auch spezielle Nistkästen an Gebäuden an oder gibt sich mit einem verlassenen Krähen- oder Elsternnest als Brutstätte zufrieden.

In Hamburg war der Turmfalke bis in die 1970er Jahre fast flächendeckend verbreitet. Leider ist er heutzutage aus den meisten Stadtteilen verschwunden. Fehlende Nahrungsmöglichkeiten auf offenen Flächen und nicht mehr existierende Brutmöglichkeiten sind die Ursachen, da z.B. Kirchtürme wegen der Stadttauben versiegelt wurden.

Viele Jahre lang erfreute ein auf der Johanniskirche am Mittelweg nistendes Turmfalkenpaar durch seine Flugspiele regelmäßig die Schülerinnen der benachbarten Staatlichen Fremdsprachenschule (und mich). Seit etwa 20 Jahren sind die sympathischen Falken verschwunden – möglicherweise wegen baulicher Veränderungen oben am Turm.

Positiv dagegen ist, dass z. B. hoch oben an der 1885 erbauten Backsteinkirche St. Gertrud beim Uhlenhorster Kuhmühlenteich ein Turmfalkenpaar seine Jungen jahraus, jahrein aufzieht.

**Kap. 2
Greifvögel etc.**

Hier: Turmfalke

Zwei typische Flugbilder des Turmfalken:

Links: rüttelnd – daher der Zweitname Rüttelfalke

Unten: im Anflug.

Sperber (Accipiter nisus) (100 Rev.)

E Sparrowhawk F Epervier d'Europe I Sparviere NL Sperwer
PL Krogulec R Перепелятник

Wie in der englischen und holländischen Bezeichnung gut erkennbar ist, bezieht sich Sperber auf Sperling. Der Sperber ist also ein Greifvogel, der Sperlinge fängt. Mit Abstand der größte Anteil seiner Beute sind zwar nicht unbedingt Sperlinge, aber auf jeden Fall Kleinvögel. Diese jagt er im Stadtbereich in gewandtem Flug dicht über Hecken und stürzt sich dann mit Bravour auf sie. Sperber sind geschickte und kühne Jäger. Die Weibchen sind durchaus fähig, auch größere Vögel wie Elstern und Tauben zu schlagen.

Der normale Flug ist geprägt von wenigen schnellen Flügelschlägen und längeren Gleitstrecken. Man sieht ihn auch häufig im Segelflug kreisen, der jeweils von einigen Flügelschlägen unterbrochen wird.

Das charakteristische Flugbild eines Sperbers: breite, rundliche Flügel, langer Schwanz. Er wechselt zwischen wenigen schnellen Flügelschlägen und längeren Gleitstrecken.

Die Weibchen sind deutlich größer als die Terzel (Männchen). Im Flug sind bei beiden Geschlechtern kurze runde Flügel und der lange Schwanz charakteristisch. Die Altvögel haben eine gebänderte („gesperberte") Unterseite.

Gern brütet dieser Greifvogel in Nadelbäumen. In der Stadt begnügt er sich auch mit wenigen Bäumen in Hinterhöfen oder Gärten. Vor einigen Jahren brütete er in einem Laubbaum am Isebekkanal in der Nähe der Bundesstraße. Im Grindelviertel sieht man ihn gelegentlich in der Nähe der Hochhäuser oder beim Innocentia-Park. In der Lokstedter Stresemannallee wurde ein Sperberweibchen beim Schlagen einer Taube beobachtet.

Insgesamt kann in Hamburg seit 1980/90 eine deutliche Bestandszunahme festgestellt werden.

**Kap. 2
Greifvögel etc.**

Hier: Sperber

Ja, ja, Sie haben Recht. Das Foto ist nicht gut. Es wurde von einer aufmerksamen Bewohnerin spontan „sozusagen aus der Hüfte" geschossen. Ich zeige es Ihnen trotzdem, denn es dokumentiert ein Sperberweibchen, das gerade eine Ringeltaube geschlagen hat, und zwar ziemlich stadtnah: in einem Vorgarten der Lokstedter Stresemannallee.

Habicht (Accipiter gentilis) (60 Rev.)

E Goshawk F Autour des palombes I Astore NL Havik
PL Jastrząb R Ястреб-Тетеревятник

Der Name bezieht sich auf „heben" im Sinne von zugreifen, zupacken. Frei übersetzt „ein Greifer". „Gentilis", edel, bezog sich ursprünglich auf einen besonders für die Jagd geeigneten Falken. Manchmal wird er auch als „Hühnerhabicht" bezeichnet.

Bei diesem kräftigen Greifvogel ist das Weibchen fast so groß wie ein Mäusebussard. Im Aussehen und in vielen Verhaltensweisen kann man ihn als „größeren Sperber" bezeichnen. Große Sperberweibchen und kleine Habichtmännchen sind in etwa gleich groß.

Habichte jagen mittelgroße Vögel wie Tauben, Eichelhäher und Amseln. Im Gegensatz zum Sperber schlagen sie aber auch Eichhörnchen, Hasen oder Kaninchen.

Einst war der Habicht ein scheuer Waldvogel. Heutzutage ist er zwar unauffällig, aber weit verbreitet. In Hamburg brütet er vornehmlich in größeren Waldgebieten (Harburger Berge, Klövensteen). Zunehmend taucht er auch im Stadtgebiet auf und brütet z.B. auf dem Ohlsdorfer Friedhof, Stadtpark und Volkspark. Dort machen Stadttauben einen erheblichen Teil seiner Beute aus. Gern jagt er einige Meter unterhalb der Hausdächer, um sich dann blitzschnell nach oben zu schwingen und eine der auf dem Dach sitzenden Tauben zu schlagen.

Kap. 2
Greifvögel etc.

Hier: Habicht

Linke Seite:
Haben Sie jemals einem
Greifvogel so tief in
die hübschen Augen
geschaut? Hier handelt es
sich um ein 17 Jahre altes
Habichtweibchen …
Aber ehrlich währt am
längsten: Es wurde nicht
in freier Wildbahn,
sondern bei einem Falkner
in der Fischbeker Heide
fotografiert.

Kranich (Grus grus) (9 Rev.) (Z.)

E Crane F Grue cendrée I Gru NL Kraanvogel PL Żuraw
R Серый журавль

Der lateinische und der in einigen anderen Sprachen gängige Name haben lautmalerischen Charakter. Die trompetenhaften auf größere Distanz hörbaren Rufe können mit „KRU-KRU" oder „GRUS-GRUS" beschrieben werden. Daran erkennt man die höhere Bildung dieser eleganten Vögel: Sie können ihren Namen laut und deutlich rufen – und das sogar in Latein!

Menschen, die ebenso gebildet sind wie die Kraniche, werden sofort an die 1797 von Schiller verfasste Ballade „Die Kraniche des Ibykus" erinnert. Dort verrät sich der Mörder, indem er dem Mittäter zuruft:

„Sieh da! Sieh da, Timotheus,
die Kraniche des Ibykus!"

In der griechischen Mythologie steht der Kranich für Klugheit und Wachsamkeit. Dort und in manchen asiatischen Ländern gilt er als „Vogel des Glücks".

Seit jeher haben die Eleganz und die majestätischen Bewegungen dieser schönen Vögel sowie ihre spektakulären Balz-„Tänze" die Menschen begeistert.

In Hamburg wurden die letzten Brutvorkommen am Anfang des 20. Jahrhunderts gemeldet. Unter anderem dank der verstärkten Schutzmaßnahmen brütete der Kranich Anfang der 1980er Jahre im Duvenstedter Brook und seit einigen Jahren im

Ein Kranichpaar beim Landeanflug. Welch ein erhabener Anblick! Welche Leichtigkeit und Eleganz! Mein erster Gedanke war, dass dieses Paar von einem Plakat abfotografiert wurde. Die Fotografin bestätigte mir jedoch: reine Naturaufnahme. Außerdem zeigen uns die beiden während ihrer Flugschau ihre schönen, roten Scheitel.

Kap. 2
Greifvögel etc.

Hier: Kranich

Schnaakenmoor. Am Brutplatz ruft das Kranichpaar häufiger im Duett. Im Jahr 2012 wurden auf Hamburger Gebiet 13 Kraniche ausgebrütet.

Im Stadtgebiet werden Sie keine Kraniche am Boden sehen. Jedoch werden Sie zur Zugzeit im Frühling und Sommer bei ein wenig Glück am Himmel die in Keilen oder langen Linien ziehenden Kranichtrupps entdecken können, die sich von weitem schon durch ihr lautes „KRU-KRU"-Trompeten ankündigen.

So beobachteten die Mitarbeiter des „Arbeitskreises an der Staatlichen Vogelschutzwarte Hamburg" am 11.10.2012 rund 2.200 und am 22.10.12 sogar fast 5.000 über Hamburg ziehende Kraniche.

Am erwähnten 22.10.2012 sah ich selbst binnen rund zwei Stunden drei Kranichzüge mit insgesamt 270 Vögeln, die über das Grindelviertel flogen.

Wenn Sie größere Mengen Kraniche erleben und damit einem imposanten Naturschauspiel beiwohnen möchten, empfehle ich einen Besuch im Nationalpark Vorpommersche Boddenlandschaft (Zingst, Am Darß) oder im Oberen Rhinluch in der Nähe Berlins. Im genannten Nationalpark hielten sich im Jahr 2012 in der ersten Oktoberhälfte außergewöhnlich viele Kraniche – nämlich 70.000 – auf, bevor sie den langen Flug gen Süden z. B. in die spanische Extremadura antraten. Im Oberen Rhinluch wurden am 2.10.2012 immerhin 26.000 Kraniche gezählt!

*Oben:
Rastende Kraniche beim morgendlichen Äsen auf einer Wiese.*

*Nächste Doppelseite:
Ein schöner Formationsflug in Keilform. Kraniche fliegen mit gestrecktem Hals und lassen beim Flug häufig ihr weitschallendes „KRU-KRU" ertönen. Im Frühling und Herbst bestehen gute Chancen, fliegende Kraniche zu sehen, denn insgesamt sind es Tausende, die in jeder Zugsaison über Hamburg hinwegfliegen.*

Rallen

Teichralle (Gallinula chloropus) (740 Rev.)

E Moorhen F Gallinule poule d'eau I Gallinella d'acqua
NL Waterhoen PL Kokoszka wodna R Камышница

Rechte Seite oben: Das Küken scheint zu fragen: „Wann gibt es endlich etwas zu fressen?"

Unten: Geschickt bewegt sich die Teichralle durch das Wasser. Es erschließt sich leicht, warum dieser Vogel „Grünfüßiges Teichhuhn" genannt wurde.

Wahrscheinlich kennen Sie diesen Vogel eher unter dem Namen (Grünfüßiges) Teichhuhn. Aber da es keine Wasserhühner gibt, ist eigentlich der Name Teichralle korrekter. Somit spiele ich in diesem Fall einmal den Puristen. Gleiches gilt übrigens auch für die Blässralle („Blesshuhn").

Der lateinische Name bedeutet übersetzt „Grünfuß-Hühnchen", was ja ganz niedlich ist.

Die Teichralle ist ein schwärzlicher recht ansehnlicher Vogel. Sie hat einen rotes Stirnschild, roten Schnabel mit gelber Spitze, weiße Linien an den Flanken und grüngelbliche Beine. Auffallend sind ihre weißen Unterschwanzdecken.

Die Teichralle zuckt häufig mit dem Schwanz. Beim Schwimmen pflegt sie ständig mit dem Kopf zu nicken. Sie ist nicht scheu und macht zusätzlich durch verschiedene Lautäußerungen auf sich aufmerksam.

Am häufigsten hört man von ihr: ein durchdringendes, fast explosives „KRÜÜK", ein scharfes „KR-R-ECK" und ein wiederholtes hartes „KIK-KIK-KIK". In Hamburg ist die Teichralle weitverbreitet. An der Außenalster und im Alten Botanischen Garten ist sie leicht zu beobachten.

**Kap. 2
Greifvögel etc.**

Hier: Teichralle

*Mitte:
Ein Verwandter des Teichhuhns ist das deutlich größere und kräftigere Purpurhuhn (Purple gallinule), das allerdings in Europa nur in Südportugal und Südspanien heimisch ist.*

*Unten:
Auch in anderen Erdteilen gibt es Verwandte: Hier sehen wir ein Paar der Weißbrust-Kielralle (White-breasted waterhen) auf Sri Lanka, das sich lautstark „unterhält" Auch hier schimpfen die beiden lautstark – mit einer Lupe bestens zu erkennen. Während der Brutzeit rufen sie krakeelend und aufgeregt sogar des nachts. Eine Touristin bemerkte leicht genervt: „Ach, da sind sie wieder, die Krawallmacher vom Dienst!"*

Blässralle (Fulica atra) (760 Rev.)

E Coot F Foulque macroule I Folaga NL Meerkoet
PL Łyska R Лысуха

Sie finden zusätzlich folgende Schreibweisen: Blässhuhn, Blesshuhn, Blessralle. Das „e" geht auf die namensgebende Blesse
zurück, was in diesem Fall ein weißes Stirnschild aus Horn ist.

Die Blässralle hat zahlreiche volkstümliche Namen wie z. B.
„Lietze". In Ostpreußen wurde sie als „Zappe" bezeichnet. Daher
stammt der Ausdruck „zappenduster", zurückzuführen auf ihr
dunkles, fast schwarzes Gefieder.

In der Tat erscheint dieser Vogel von weitem betrachtet als
durchgängig schwarz mit einem weißen Stirnschild. Aus der
Nähe erkennt man, dass der Kopf glänzend pechschwarz ist, in
dem das rote Auge auffällt.

Blässrallen sind etwas größer und etwas aggressiver als
Teichrallen. Sie sind sehr anpassungsfähig. Ihre häufigsten Rufe
sind ein durchdringendes platzendes „PIX" und ein lautes variables „KÖW". Das Auffliegen von einer Wasserfläche ist ihnen
nur möglich durch einen kräftigen Anlauf , wobei sie etliche
Male mit ihren Flügeln auf das Wasser schlagen.

In Hamburg ist die Blässralle weit verbreitet und kann wie die
Teichralle an vielen Stellen wie z. B. im Alten Botanischen Garten
und an der Außenalster angetrofffen werden.

Seit 2005 wird bundesweit intensiv durch Farbberingung zur
Biologie der Blässrallen geforscht. Insbesondere interessieren
das Zug- und Überwinterungsverhalten dieser Vögel.

In Hamburg hat sich Martina Born auf die Beobachtung des
Verhaltens sowie der Partner- und Revierwahl von Blässrallen
spezialisiert und veröffentlicht ihre Auswertungen regelmäßig
(www.blesshuhn.wordpress.com).

Von M. Born stammen auch die folgenden Einzelheiten über
die Blässralle mit dem Ring „T 91". Freundlicherweise hat sich
„T 91" bereit erklärt, uns höchstpersönlich über ihr Leben zu
berichten:

„Ich, T 91, bin ein Kämpfer. Denken Sie nicht, ich sei geltungsbe-
dürftig! Natürlich fühle ich mich geehrt, dass ich an dieser Stelle per-
sönlich zu Wort kommen darf. Schon immer habe ich mich gefragt, ob

die Menschen, die sicherlich schon häufig meine Artgenossen gesehen haben, überhaupt etwas über uns wissen. Folglich berichte ich Ihnen gern ein wenig über mein Leben.

Ich wurde im Dezember 2007 am Eppendorfer Mühlenteich zu Hamburg beringt. Seinerzeit war ich bereits erwachsen. Aber nach einigen Ausflügen zu Hamburgs Gewässern fand ich meinen Lieblingsplatz, nämlich den Kuhmühlenteich im Stadtteil Uhlenhorst. Dort hielt ich mich überwiegend auf.

Anfang 2011 wechselte ich zum Goldbekkanal. Zu der Zeit ging es mir echt schlecht. Ich hatte mich am Bein verletzt und humpelte. Dann bekam ich eine heftige Augenentzündung, so dass sich mein linkes Auge fast vollständig schloss. Ich sag es Ihnen: Überleben mit nur einem intakten Bein und einem gesunden Auge – das war die Härte! Ich konnte nur mit Mühe Nahrung finden. Andere Wasservögel waren fast immer flinker als ich Invalide!

Aber ich bin ein Kämpfer und ließ mich nicht unterkriegen. Von April bis Oktober 2011 schlug ich mich schlecht und recht durch und hielt mich bedeckt. Für Beobachter war ich verschwunden und manche(r) hatte wohl schon mit meinem Ableben gerechnet. Aber nichts da!

„Ich bin die Blässralle mit dem Ring T 91: Wenn Sie mein Lebenslauf interessiert, dann schauen Sie in den Text, bitteschön."

Während dieser schwierigen Zeit kurierte ich mich aus. Es geht doch nichts über einfache, aber gesunde Naturnahrung ...

Anfang November 2011 konnte ich wieder gesund und munter meinem geliebten Kuhmühlenteich eine Stippvisite abstatten. Dann schloss ich mich einem kleinen Blässrallentrupp im Osterbekkanal an. Dort fand ich auch einen netten Partner, mit dem ich das Jahr 2012 verbrachte.

Mein Alter? Tja, also über mein Alter spreche ich nicht gern. Aber so viel kann ich Ihnen verraten: Als ich beringt wurde, war ich mindestens drei Jahre alt ... die Betonung liegt auf mindestens.

Nun rechnen Sie selbst: Ich bin also wenigstens 8 Jahre alt – kann aber auch einige Jahre älter sein. Sie dürfen spekulieren. Artgenossen von mir wurden maximal immerhin 20 Jahre alt. Ich bin zäh und daher ganz optimistisch.

Bin ich Weibchen oder Männchen? Auf diese „Genderdiskussion" lasse ich mich gar nicht erst ein. Da bin ich ganz diskret. Die Weibchen sind bei uns etwas kleiner als die Männchen. Sie werden jedoch Probleme haben, mein Geschlecht einwandfrei festzustellen. Dabei wollen wir es bewenden lassen."

Als Nestflüchter sind diese beiden Küken bereits frühzeitig auf Erkundungstour.

**Kap. 2
Greifvögel etc.**

Hier: Blässralle

Mutter Blässralle hat allerlei zu tun. Ihr Gelege kann bis zu zehn Eier haben.

Austernfischer (Haematopus ostralegus) (140 Rev.)

E Oystercatcher F Huîtrier-pie I Beccaccia di mare NL Scholekster PL Ostrygojad R Кулик-сорока

In mehreren Sprachen kommt immer „Austern" vor. So viele Austern gibt es ja gar nicht! „Austern" steht hier allgemein für „Muscheln", wobei vor allem Mies- und Herzmuscheln gemeint sind. Würmer und Insekten werden jedoch auch gern genommen. Würde der lateinische Name genau übersetzt, so hieße der Vogel: „der Austernsammler mit dem blutroten Fuß".

Dieser hübsche schwarz-weiße Vogel mit roten Füßen und rotem Schnabel fällt zudem durch seine markanten hohen Rufe auf, die wie „KÜBIK, KÜBIK" und „PICK, PICK, PICK" klingen.

Ursprünglich ist der Austernfischer an der Nordsee beheimatet. In den letzten Jahrzehnten hat er sich immer mehr auch ins Binnenland getraut. Von der Unterelbe über Hamburg zur Oberelbe und in die Geest.

Interessant ist, dass in Hamburg die Mehrzahl der Austernfischer auf geschotterten Flachdächern brütet. Meist liegen die Hamburger Brutplätze also auf Gewerbebauten, Schulen oder sogar in einigen Fällen auf Wohnblocks. Seien Sie also nicht überrascht, wenn Sie im Frühling plötzlich in Horn, Lokstedt oder Flottbek die schrillen Austernfischerrufe vernehmen!

Zur Nahrungssuche fliegen die Austernfischer natürlich nicht bis an die Nordsee oder in das Elbegebiet. Im Stadtbereich finden sie ihre Nahrung auf Sportplätzen, in Grünanlagen und größeren Rasenflächen.

Uneinigkeit bei den hübschen Austernfischern: Soll es nach links oder nach rechts gehen?

Kiebitz (Vanellus vanellus) (600 Rev.)

E Lapwing F Vanneau huppé I Pavoncella NL Kievit
PL Czajka R Чибис

Der deutsche, niederländische und russische Name geben lautmalerisch den durchdringenden und leicht nasalen Ruf des Kiebitz „KI-WITT" wider, der vor allem am Brutplatz zu hören ist. Dort vollführen die Männchen beeindruckende Akrobatenflugspiele mit wummernden Fluggeräuschen.

Das Nest wird tapfer durch Nahflüge verteidigt. Der Eindringling wird vom ständig rufenden Kiebitz aus nächster Nähe umflogen.

Da der Vogel häufig von hinten sehr dicht heranfliegt und „über die Schulter des Störers" schaut, entstand das Wort „kiebitzen" im Sinne von „Abgucken" z. B. beim Kartenspiel.

**Kap. 2
Greifvögel etc.**

Hier: Kiebitz

Der prächtige Kiebitz mit seinem kecken Kopfschmuck. Kiebitze werden wegen der Grünlandvernichtung leider immer seltener bei uns.

Auf Sri Lanka posiert extra für Sie auf einem Stein der Verwandte unseres Kiebitzes: der elegante Rotlappenkiebitz (Red-wattled lapwing). Sein Name geht auf die roten Hautläppchen an seinem Kopf zurück.

Aus der Ferne nimmt man den etwa taubengroßen Kiebitz als schwarz-weißen Vogel mit einem Schopf wahr. Kommt man jedoch näher heran, so erkennt man, dass er ein wahrer Prachtkerl ist: Der weiße Bauch mit dem schwarzen Brustband und der grünschillernde Rücken zeigen ihn als sehr attraktiven Vogel.

Der Kiebitz ist ein Charaktervogel des Feuchtgrünlandes. Da dieses immer weiter schwindet, nimmt auch der Kiebitzbestand ständig ab. Leider!

In Hamburg brütet er insbesondere in den Marschgebieten. Vor allem im Herbst sieht man ihn in großen Trupps auf Feldern. Auch in der Hansestadt gibt es dramatische Einbußen: Während man Ende der 1980er Jahre den Bestand auf gut 1.500 Reviere schätzte, sind es heutzutage noch magere 600!

Möwen

Lachmöwe (Larus ridibundus) (o Rev.)

E   Black-headed gull   F   Mouette rieuse   I   Gabbiano comune
NL   Kokmeeuw   PL   Mewa śmieszka   R   Обыкновенная чайка

Kap. 2
Greifvögel etc.

Hier: Möwen

Manchmal wird behauptet, dass bei dieser Möwe „Lach-" nichts mit Lachen, sondern mit der Lache im Sinne von „großer Pfütze, Binnengewässer" zu tun hat. In der Tat brütet die Lachmöwe vorzugsweise an Seen, Teichen, Sümpfen und anderen geeigneten Plätzen im Binnenland, und zwar in Kolonien von nicht selten beachtlicher Größe.

Der lateinische Name geht jedoch auf das Verb «lachen» zurück, denn die einem „KRIÄH" ähnelnden Rufe kann man großzügig als „Lachen" auslegen. In Hamburg werden (Lach-) Möwen liebevoll „Emma" genannt. Warum? Hier handelt es sich um eine „Erfindung" von Christian Morgenstern. Dieser recht vielseitige Dichter (1871–1914) wurde besonders durch seine komische Lyrik bekannt.

> Auszugsweise zitiere ich daher aus dem Möwenlied
> (Christian Morgenstern):
>
> „Die Möwen sehen alle aus,
> als ob sie Emma hießen.
> …
> O Mensch, du wirst nie nebenbei
> Der Möwe Flug erreichen.
> Sofern du Emma heißest, sei
> zufrieden, ihr zu gleichen."

Die Lachmöwe ist in Europa die bekannteste und am weitesten verbreitete Möwenart. Diese kleine und lebhafte Möwe ist im Flug durch einen weißen Vorderrand der spitzen Flügel gekennzeichnet.

Im herbstlichen und winterlichen Schlichtkleid hat sie ein paar kleine dunkle Ohrflecken hinter dem Auge, Beine und Schnabel sind hellrot, wobei die schwarze Schnabelspitze auffällt.

Im sommerlichen Prachtkleid tragen die Lachmöwen eine schokoladenbraune, von weitem schwarz erscheinende „Kapuze", die nicht bis in den Nacken reicht. Diese „halbe Kapuze" ist ein wichtiges Unterscheidungsmerkmal zu der in Hamburg seltenen Schwarzkopfmöwe, die mit einer schwarzen, weit in den Nacken reichenden Kapuze ausgestattet ist.

In Hamburg brütet die Lachmöwe nur ausnahmsweise und äußerst sporadisch. Einige Exemplare sind hier jedoch das ganze Jahr über zu beobachten.

Spätestens im Herbst und dann im Winter bevölkern Zigtausende von Lachmöwen die Hansestadt. An der Binnenalster, im Hafen und am Isebekkanal sind sie dann nicht wegzudenken und werden dort häufig von Passanten gefüttert.

Hamburger „Emma" im Winterkleid an der Binnenalster. In diesem „Schlichtkleid" ist am Kopf nur ein dunkler Ohrfleck zu sehen. Zum Winterausklang/Frühlingsbeginn wird aus diesem eine schokoladenbraune/schwärzliche Kapuze, so dass sie zur Brutsaison das „Prachtkleid" zeigen kann.

**Kap. 2
Greifvögel etc.**

Hier: Möwen

*Oben:
„Nehmen Sie ruhig Platz, liebe ‚Emma' und machen Sie es sich gemütlich." Dieser Aufforderung scheint der Vogel nachgekommen zu sein. Das Foto wurde am 2.2.2013 an der Kleinen Alster gemacht. Man erkennt deutlich den Übergang vom Winter- zum Prachtkleid: Die Kapuze ist schon halb ausgefärbt.*

Sturmmöwe (Larus canus) (3.700 Rev.)

E Common gull   F Goéland cendré   I Gavina   NL Storm-meeuw   PL Mewa pospolita   R Сизая чайка

Zwei adulte Sturmmöwen: Hohe Schaar/Wilhelmsburg. Im Vergleich zu der deutlich größeren Silbermöwe hat die Sturmmöwe einen runderen Kopf und damit einen freundlicheren Gesichtsausdruck. Ihre Beine sind gelblich grün. Die Beinfarbe spielt bei der Möwenbestimmung immer eine wichtige Rolle: Die Silbermöwe hat hell fleischfarbene und die Lachmöwe rote Beine.

Die Sturmmöwe ist etwas größer als die Lachmöwe und deutlich kleiner als die Silbermöwe. Zur Unterscheidung heißt das Motto: „Zeigt her eure Füßchen …", denn die Füße, Beine (und Schnabel) der Sturmmöwe sind grünlich gelb.

In Hamburg ist die Sturmmöwe mit 3.700 Revieren eine häufige Möwenart, die das ganze Jahr hindurch auch in der Innenstadt, an der Alster und deren Kanälen beobachtet werden kann. Auf der Hohen Schaar (Wilhelmsburg) bestand eine riesige Kolonie. Dort ist bemerkenswert, wie sehr sich die Vögel an den Menschen und die „industrielle Umwelt" der Shell-Raffinerie gewöhnt haben. Die Sturmmöwen suchten sich immer wieder skurrile Brutplätze aus. Neuerdings sind auf der Hohen Schaar lediglich 300-400 Paare übriggeblieben. Warum? Rotfüchse haben nämlich Eier und Jungvögel als schmackhaftes Festmahl entdeckt.

Die findigen Sturmmöwen zogen zum großen Teil auf das riesige begrünte Flachdach des Logistikunternehmens Fiege in Moorfleet um. Dort brüteten 2013 rund 1.100 Paare Sturmmöwen - wahrscheinlich die größte Möwen-Dachkolonie Deutschlands.

Es ist also nicht verwunderlich, dass Sturmmöwen sich sichere Brutplätze z. B. auf Flachdächern suchen. So wurden allein auf den Flachdächern einer Hamburger Spedition mehr als 500 Gelege festgestellt.

Hervorzuheben ist, dass in Hamburg und seinem Umland mehr als ein Drittel des gesamten Sturmmöwenbestandes der Bundesrepublik brütet.

**Kap. 2
Greifvögel etc.**

Hier: Sturmmöwe

*Oben:
Hohe Schaar: ein Sturmmöwengelege zwischen Zypressen-Wolfsmilch …*

*Mitte:
Hohe Schaar: skurrile Nistplätze in der Sturmmöwenkolonie. Dort bauen sie ihre Nester auch auf dicke Stahlrohre, …*

*Unten:
Auf diesem Flachdach in Moorfleet brüteten 1.100 Sturmmöwenpaare (2013) zusammen mit 37 Paaren der seltenen Schwarzkopfmöwe, einigen Austernfischern, Flussregenpfeifern, Stockenten …*

Silbermöwe (Larus argentatus) (250 Rev.)

E Herring Gull   F Goéland argenté   I Gabbiano reale   NL Zilvermeeuw   PL Mewa srebrzysta   R Серебристая чайка

Aus dem Lateinischen „argentatus" leiten sich die „Silberbenennungen" in Deutsch, Französische, Niederländisch und den beiden slawischen Sprachen ab.

Diese Möwenart ist den meisten Hamburgern von Aufenthalten an der Nordseeküste bestens vertraut. Dort ist sie die häufigste Möwe und brütet in großen Kolonien.

Sie hat fleischfarbene Beine, einen kräftigen gelben Schnabel mit einem roten Fleck sowie eine gelbe Iris.

Sie fällt schnell durch ihr weitschallendes gereihtes jaulendes „KJAU" auf. Außerdem hat sie mit bellenden, miauenden und lachenden Rufen ein variables Stimmenrepertoire zu bieten.

Diese Silbermöwe ist nicht der Direktor der „Ringspaltbeschäumung". Sie sitzt da nur so …

Kap. 2
Greifvögel etc.

Hier: Silbermöwe

Kleine Alster, im Hintergrund die Alsterarkaden: Hier ist ein schöner Größenvergleich möglich. Die größere Möwe ist eine junge, noch nicht ausgefärbte Silbermöwe. Die kleinere ist eine Lachmöwe im Winterkleid = Schlichtkleid.

Ihre Nahrung besteht aus „Fischigem" und Aas. Vogeljunge und -eier werden gern genommen. Daher sind andere Vogelarten beim Brutgeschäft immer auf der Hut vor Silbermöwen. Auch auf Mülldeponien wird sie häufig beobachtet, wo sie im Abfall stochert.

In Hamburg wurde die Silbermöwe erst 1969 mit einem Brutpaar auf der Hohen Schaar nachgewiesen. 2004 schwoll diese Zahl auf stolze 253 Brutpaare an. 2010 gab es dort nur noch 11 Brutpaare. Die Brutpaare verteilten sich nunmehr auf verschiedene Stellen im Hafengebiet und auf mehrere Flachdächer.

3   Tauben, Kuckuck, Eulenvögel, Mauersegler, Eisvogel, Wiedehopf, Wendehals, Spechte, Pirol

Tauben

Straßentaube (Columba livia f. domestica)

Mit der Straßentaube (Haustaube, Stadttaube), die für viele ja ein Ärgernis ist, möchte ich mich an dieser Stelle nicht näher befassen. Nur so viel: Es heißt, in Hamburg gehen sie auf Anfang des 20. Jahrhunderts an der Nikolaikirche ausgesetzte Felsentauben zurück (lt. Dietrich, 1928). Heute gibt es in Hamburg mindestens 10.000 Reviere und zusätzlich etliche nicht brütende Exemplare.

Ringeltaube (Columba palumbus) (19.000 Rev.)

Ringeltaubennest an einem Haus am Sternschanzenpark. Und oben auf dem Haus die korrekte Fahne …

E Woodpigeon   F Pigeon ramier   I Colombaccio   NL Houtduif   PL Grzywacz   R Вяхирь

Die Ringeltaube ist bei uns die größte und am weitesten verbreitete Wildtaube. Sie hat auffällige weiße Halsflecken („Halsring") und eine leuchtend weiße Zeichnung auf den Flügeln. Bei den Jungvögeln fehlt der Halsring. Beim Auffliegen und Landen hört man ein klatschendes Flügelgeräusch.

Sehr praktisch ist, dass man die einheimischen Tauben ganz leicht an ihren Stimmen unterscheiden kann: So ruft diese Taube: „DU – **DÚ** – DU – DU – DU". Dazu könnte man sich den Spruch merken: Gudrún, hör-gut-zu, Gudrun. Es sind meist fünf bis sieben Laute, wobei der zweite deutlich betont wird.

Die Ringeltaube nistet überwiegend in Bäumen, manchmal an Gebäuden. Sie ist in Hamburg flächendeckend verbreitet und auch im Stadtzentrum anzutreffen, sofern es dort Bäume gibt.

Im Herbst und Winter streifen Ringeltauben oft in größeren Trupps umher. Ein Teil bleibt bei uns, andere ziehen in großen Schwärmen nach Süden. Die Mitarbeiter vom „Arbeitskreis an der Staatlichen Vogelschutzwarte Hamburg" zählten am

12.10.2012 die gigantische Menge von 100.000 (einhunderttausend!) Ringeltauben auf ihrem Flug nach Süden.

Sehnlichst erwartet werden die ziehenden Ringeltauben bereits von den Jägern in Frankreich. Besonders in den Pyrenäen ist die Taubenjagd im Herbst und Frühjahr außerordentlich beliebt – ja, natürlich unter Männern!

In der „Palombière", einer speziell für die Jagd auf Ringeltauben hergerichteten Jagdhütte, sitzen die Jäger. Es gibt außerdem den Fang mit Netzen, wobei eine gefangene Ringeltaube als Lockvogel dient. Jährliche Jagdstrecke: geschätzte 800.000 Tauben, die zu traditionellen Gerichten wie „Salmis de palombes" verarbeitet werden.

Tja, was soll man dazu sagen …? Vielleicht: *„Honi soit qui mal y pense?"* Für Franzosen ist es klar. Da heißt es dann einfach: *„Bon appétit"*.

**Kap. 3
Tauben etc.**

Hier: Ringeltaube

*Links:
Ringeltaube: Eigentlich ein recht hübscher Vogel. Der weiße Fleck („Ring") am Hals ist namensgebend.*

*Unten:
zwei junge Ringeltauben im Nest in der rückseitigen Hausbegrünung des Hauses Hallerstraße 6/8*

Türkentaube (Streptopelia decaocto) (1.400 Rev.)

E Collared turtle dove F Tourterelle turque I Tortora dal collare orientale NL Turkse Tortel PL Sierpówka (Synogarlica turecka) R Кольчатая горлица

Ungewöhnlich ist die Zahl „decaocto" = 18 im lateinischen (griechischen) Namen. Sie geht zurück auf den Biologen Frivaldszky, der 1758 die Türkentaube als Variante Nr. 18 der Lachtaube beschrieb.

Für das Beiwort „Türken-" könnte es zwei Erklärungen geben: Zum einen ist diese Taubenart in der Türkei entdeckt worden. Zum anderen mag das schwarze Nackenband an die Sichel des türkischen (islamischen) Halbmonds erinnern.

Zwei Türkentauben auf einer Araukarie. Sehr schön ist das schwarze Nackenband zu erkennen.

Kennzeichnend ist auch der dumpfe, monotone Ruf dieser Taube: „KU-KÚU-KU" mit der Betonung auf der zweiten Silbe. Während der Balz wird dieser Ruf schnell wiederholt. Ferner ist häufig ein einsilbiger heiserer Flugruf „CHWI" zu hören.

In Hamburg ist die Türkentaube Anfang der 1950er Jahre zum ersten Mal beobachtet worden. Es erfolgte eine rasche fast flächendeckende Ausbreitung, die um 1980 ihren Höhepunkt mit 2.000 bis 2.500 Revieren erreichte.

Heute rechnet man mit knapp 1.400 Revieren. Aus der Innenstadt ist die Türkentaube praktisch verschwunden. Subjektiv gefühlt ist die letztere Zahl noch zu hoch gegriffen. In jedem Fall ist Konsens, dass die Anzahl der Türkentauben aus unbekannten Gründen deutlich abnimmt.

Kap. 3
Tauben etc.

Hier: Türkentaube

Kuckuck (Cuculus canorus) (320 Rev.) (Z.)

E Cuckoo F Coucou gris I Cuculo NL Koekoek PL Kukułka
R Обыкновенная кукушка

Das lateinische „Cuculus" ist ebenso wie die Namen in mehreren anderen Sprachen lautmalerisch. Wie der Uhu so ruft auch der Kuckuck seinen Namen.

Der Kuckuck ist ein äußerst populärer Vogel, und zwar nicht nur wegen der Uhren oder des Pfandsiegels der Gerichtsvollzieher. In vielen Liedern und Gedichten wird er besungen wie etwa in den bekannten Kinderliedern:

„Kuckuck-Kuckuck, rufts aus dem Wald, …"
„Auf einem Baum ein Kuckuck saß simsaladimbam …"
„Der Kuckuck und der Esel, die hatten einen Streit …"

Sehr schön ist auch das folgende kleine Gedicht des überwiegend in Hamburg tätigen Matthias Claudius, zumal es sich nicht nur um den Kuckuck, sondern um Vögel generell handelt:

„Na, könnte dahinten ein Nest von einem potenziellen Wirtsvogel sein?"

Kuckuck
Wir Vögel singen nicht egal;
Der singet laut, der andre leise,
Kauz nicht wie ich, ich nicht wie Nachtigall,
Ein jeder hat so seine Weise.

Der ziemlich verbreitete Glaube, dass man den Kuckuck wegen seiner Heimlichkeit „nie" sehen kann, ist ein Irrglaube. Tatsache ist natürlich, dass man diesen Vogel viel häufiger hört als sieht, denn seine Rufe sind weitschallend und unverkennbar.

Sollten Sie ihn einmal aufspüren und sehen, dann werden Sie ihn schnell bestimmen können: Es ist ein etwa taubengroßer, schlanker, langschwänziger Vogel mit blaugrauer Oberseite und Kehle sowie gebänderter Unterseite.

**Kap. 3
Tauben etc.**

Hier: Kuckuck

Viel wahrscheinlicher ist jedoch, dass Sie ihn fliegend sehen. Im Flug ähnelt er einem Sperber oder Turmfalken. Typisch sind die spitzen Flügel des Kuckucks, die beim Flug nicht über den Körper angehoben werden.

Manchmal wird der bekannte zweisilbige Ruf durch einen dreisilbigen ersetzt: „**KUK** – KUK – KUK". Das Weibchen hat einen explosiven Triller, von manchen Beobachtern als „Kichern" bezeichnet. Stimmlich ist das Weibchen jedoch deutlich weniger aktiv als das Männchen.

Eine Besonderheit ist, dass es bei den Weibchen gelegentlich eine braune Morphe gibt. Dann trägt die Dame „oben braun" anstatt graublau.

Bekanntermaßen ist der Kuckuck ein Brutparasit, d.h., er lässt sein Ei von anderen Vögeln – den Wirtsvögeln – ausbrüten. Auf dem Hamburger Gebiet sind vor allem Teich- und Sumpfrohrsänger als Wirtsvögel beliebt. Aber manchmal kommen auch andere Wirtsvögel in Frage wie Wiesenpieper, Bachstelze, Heckenbraunelle, Rotkehlchen, Gartenrotschwanz.

Interessant ist, dass jedes Kuckucksweibchen nur auf eine Wirtsvogelart spezialisiert ist – vorzugsweise sind es Arten, deren Eier ihren eigenen ähneln. Der geschlüpfte Jungkuckuck wirft als Erstes die Eier und Jungvögel des Wirtsvogels aus dem Nest, denn da er deutlich größer ist als die Pflegeeltern, benötigt er viel Platz und vor allem Nahrung.

Unermüdlich schaffen die „Stiefeltern" Nahrung heran. Der ausgeprägte Futtertrieb kommt dem fremden Jungvogel voll zugute.

In Hamburg kommt der Kuckuck leider nicht im Innenstadtbereich vor. Flächendeckend ist er z.B. im Wilhelmsburger Neuland und im Duvenstedter Brook vertreten.

Eulenvögel

Nur in der deutschen Sprache gibt es die Unterscheidung zwischen Eulen und Käuzen. Im Englischen und Holländischen gibt es für alle Eulenvögel nur den Namen „owl" bzw. „uil". Das französische „hibou" bezieht sich ausschließlich auf Eulenvögel mit Ohren.

In Hamburg und im norddeutschen Raum gibt es zahlreiche Redensarten zum Thema „Eule" (Ul). Am bekanntesten dürfte sein: „Wat den eenen sin Ul, is den annern sin Nachtigall." Im Sinne von: „Was der eine nicht mag, kann für den anderen gut oder schön sein." Singt jemand besonders falsch, so fällt auch schon mal die Bemerkung: „En Ul is keen Nachtigall."

In Hamburg kennen wir die „Handul" (Handeule), was Handfeger bedeutet. Dazu gehört das Verb „ulen" = fegen, Staub wischen, weil man dafür früher wahrscheinlich die besonders weichen Federn von Eulen benutzte.

Sogar ein ganzer Hamburger Stadtteil ist nach Eulen benannt: Uhlenhorst (Eulennest) geht zurück auf ein einsames unbewohntes Gehöft in der Mitte des 18. Jahrhunderts, in dem Eulen nisteten.

Leider spielte der Aberglaube allen Eulenvögeln arg mit. Eulen galten als Totenvögel und Unglücksbringer u. a. weil der Ruf „KJU-WITT" des Waldkauzes als „Komm mit!" interpretiert wurde. Wohin? Natürlich zum Friedhof!

Eulenvögel wurden gnadenlos verfolgt. Eine an das Scheunentor – möglichst mit ausgebreiteten Flügeln – genagelte Eule oder Kauz sollte vor Unglück, insbesondere vor Blitzschlag und Feuer, bewahren, denn dieser Vogel „wirkt abschreckend".

Bei derartig viel Aberglaube, Toten- und makabrem Friedhofsgerede soll uns folgendes Gedicht ein wenig auf andere Gedanken bringen:

Die Eule

Eine Eule saß und stierte
Auf dem Aste einer Euche.
Ich stand drunter und bedachte,
ob die Eule wohl entfleuche,

*wenn ich itzt ein Steunchen nähme
und es ihr entgegenschleuder'?*

*Dieses tat ich. Aber siehe,
Sie saß da und flog nicht weiter.
Deshalb passt auf sie die Zeule:
Eule mit Weule!*

(Heinz Erhardt)

**Kap. 3
Tauben etc.**

Hier: Uhu

Leider gehören Eulen und Käuze bei uns zu den selteneren Vogelarten. Da sie jedoch auch viele Freunde haben und unsinnigerweise derartig verfolgt wurden, werden hier einige Eulenarten sozusagen als kleine „Wiedergutmachung" vorgestellt.

Uhu (Bubo bubo) (10 Rev.)

E Eagle owl   F Hibou grand-duc   I Gufo reale   NL Oehoe
PL Puchacz   R Филин

Im Lateinischen und Deutschen sind die Namen des Uhus lautmalerisch. Der französische Name zeigt dagegen mit „Großfürst" eine gewisse Ehrerbietung.

In der Tat ist der Uhu die größte europäische Eule: etwa zweimal so groß wie die Waldohreule. Damit ist er in der Lage, auch größere Beutetiere zu schlagen wie z. B. Ratten, Tauben, Enten, Möwen, Habicht, Igel, Hasen, Kaninchen.

Leider gibt es keine Solidarität unter den Eulenvögeln unter dem Motto: „Eulen aller Länder – vereinigt euch!" Der Uhu schlägt durchaus auch „seinesgleichen".

Hier wurde der Uhu von der Fotografin zufällig überrascht. Wahrscheinlich versucht er, seine Beute zu schützen.

Daher ist wahrscheinlich der früher regelmäßig auf dem Ohlsdorfer Friedhof brütende Waldkauz dort verschwunden ... (Allerdings verschont der Waldkauz wiederum auch nicht den Sperlings- und Raufußkauz.)

Der imposante Uhu ist mit seiner Größe von ca. 70 cm, den sehr auffälligen Federohren und den orangeroten Augen nicht zu übersehen. Man wird ihn jedoch viel öfter hören als sehen: Sein tiefes, aber kurzes „U-HU" mit der zweiten Silbe etwas abfallend lässt er vornehmlich im Spätwinter bei und ab Sonnenuntergang hören, und zwar bis zu fünf Kilometer weit. Gelegentlich folgt auf diesen eindringlichen Ruf ein gedämpftes, gutturales „Kichern".

In Hamburg gab es nach der völligen Ausrottung des Uhus erst 1993 einen Brutnachweis im Wohldorfer Wald. 2012 gibt es erfreuliche 10 Reviere. Diese Vorkommen gehen auf die Auswilderungen in Schleswig-Holstein zurück. Darauf zurückzuführen

Seit einigen Jahren brütet ein Uhu auf dem Ohlsdorfer Friedhof. Hier auf einem Grabmal in Bodennähe

**Kap. 3
Tauben etc.**

Hier: Uhu

Gelegentlich tauchen Uhus auch mitten in der Stadt auf wie hier vor etlichen Jahren auf einem Baugerüst in einem Innenhof der Grindelallee.

ist bei diesen Uhus die vergleichsweise geringe Fluchtdistanz und die kaum vorhandene Scheu vor Menschen. Einige wichtige Reviere bestehen im Duvenstedter Brook, Ochsenzoll und auf dem Ohlsdorfer Friedhof.

Auf dem Ohlsdorfer Friedhof brütete der Uhu mal in einem verlassenen Greifvogelhorst, mal in künstlicher Nisthilfe und nur wenige Meter über der Erde auf einem Grabmal (Foto). In den letzten 20 Jahren tauchte er gelegentlich auch direkt in der Stadt auf wie z.B. beim Altonaer Bahnhof (Bismarckbad), in Barmbek oder in der Grindelallee.

Waldkauz (Strix aluco) (90 Rev.)

E Tawny owl F Chouette hulotte I Allocco NL Bosuil
PL Puszczyk R Серая Неясыть

Der Waldkauz ist etwa krähengroß, von rundlicher, gedrungener Gestalt mit ganz schwarzen Augen. Er ist sicherlich der bekannteste und in Hamburg der (relativ) häufigste unserer Eulenvögel. Die meisten Waldkäuze habe eine rötlich braune Grundfarbe. Es gibt aber auch eine graue Färbung. Man spricht dann von der braunen bzw. grauen Morphe.

Markant ist sein Ruf während der Vorbalz (Herbst) und der Balzzeit (Februar/März). Er ist in jedem zweiten Fernsehkrimi zu hören, wenn es dunkel und etwas schaurig wird: Ein dumpfes wohltönendes fünfsilbiges „HUUUH – HU – HU – HU – HU", wobei der letzte Teil langgezogen und etwas vibrierend ist. Auch hört man häufig ein gellendes „KJU-WITT".

Er jagt nur nachts. Seine Beute sind Mäuse und andere kleine Nagetiere sowie Vögel, Frösche, Insekten.

Tagsüber sieht man ihn gelegentlich frei auf einem Ast dicht an den Baumstamm geschmiegt oder in einer Baumhöhle sitzen, wo er nicht selten von aufgeregten warnenden Singvögeln umflattert und beschimpft („verhasst") wird.

Laubbäume mit Höhlen oder alten Nestern von größeren Vögeln sind für ihn als Brutplatz wichtig. Wenn Sie einmal mächtige Nistkästen mit einem großen runden Einflugloch sehen, so handelt es sich um spezielle Kästen für Waldkäuze, die von diesen auch gern angenommen werden.

Ein seltenes Ereignis:
Links die braune und
rechts die graue Morphe
des Waldkauzes. Das
Paar sitzt in einer Pappel
in den Boberger Dünen.

Waldohreule (Asio otus) (80 Rev.)

E Long-eared owl F Hibou moyen-duc I Gufo comune
NL Ransuil PL Uszatka R Ушастая сова

Das lateinische „otus" ist abgeleitet vom griechischen Wort für „Ohr". Auch in den englischen und russischen Namen findet sich das „(lange) Ohr" wieder. Diese „Ohren" sind allerdings gar keine, sondern Federbüschel oder -hörnchen. Die eigentlichen extrem feinhörigen Ohren sitzen neben den Augen.

Diese mittelgroße Eule ist wegen ihrer nächtlichen Lebensweise nur schwer zu beobachten. Am ehesten wird man auf die während der Brutzeit hell fiependen, fast „PIIE" pfeifenden Jungvögel aufmerksam. Zu dieser Zeit ist besonders in der Morgen- oder Abenddämmerung auch der stöhnende, tiefe Ruf „HUUU" zu hören, der alle 3 Sekunden wiederholt wird.

Typisch sind die Federohren und die rotgelben Augen der Waldohreule.

Eine weitere gute Beobachtungsmöglichkeit bietet sich im Winter an. Dann treffen sich mehrere Schlafgemeinschaften. Diese sind allerdings sehr gut getarnt. Ich habe selbst einmal in einer Gruppe großer Eiben im Stadtpark lange und pedantisch Ast für Ast mit Augen und Fernglas abgesucht, bis ich die dort schlafenden Waldohreulen endlich entdeckte.

In Hamburgs Innenstadt werden Sie die Waldohreule leider nicht antreffen. Aber z. B. im Stadtpark und auf dem Ohlsdorfer Friedhof gibt es immer den einen oder anderen Schlafplatz.

Mauersegler (Apus apus) (5.200 Rev.) (Z.)

E Swift F Martinet noir I Rondone NL Gierzwaluw PL Jerzyk
R Черный стриж

**Kap. 3
Tauben etc.**

Hier: Mauersegler

Das Wort „apus" kommt aus dem Griechischen und bedeutet „fußlos". Das bezieht sich auf die sehr kurzen, schwach entwickelten Beine des Mauerseglers. Die spitzen Krallen eignen sich hervorragend zum Anklammern an Mauern und Felsen.

Mauersegler haben ein dunkles, rußschwärzliches Gefieder. Die kleine, etwas hellere Kehle ist selten zu erkennen.

Diese sympathischen und zugleich hochinteressanten Vertreter aus der Familie der Segler – nicht Schwalben – sind wahre Flugkünstler. Sie verbringen fast ihr gesamtes Leben in der Luft, wo sie ihre Nahrung fangen und meist sogar schlafen.

Zur Brutzeit fliegen sie beinah den ganzen Tag in bis zu 3.000 Metern Höhe – also viel höher als z. B. Schwalben –, um Insekten zu fangen. In kleinen Bällchen, in denen bis zu 1.500 (!) Insekten sein können, werden diese dann den Jungvögeln dargeboten. Bei Untersuchungen dieser Futterballen wurden zahlreiche Insektenarten gefunden. Besonders häufig waren Fliegen, Mücken, Blattläuse, Zikaden, Käfer.

Bei günstigem Wetter kann ein Mauersegler an einem Tag über 10.000 Insekten im Fluge fangen. Das wird durch die große Mundspalte ermöglicht, die bis unter die Augen reicht. Aufgefangen werden diese Insekten mit dem weit aufgerissenen Schnabel – eher könnte man von einem kleinen „Maul" sprechen.

Bei längeren Regenperioden müssen manchmal Hunderte von Kilometern täglich zurückgelegt werden, um die nötige Insektenration zu beschaffen.

Der stromlinienförmige Körperbau dieser rasanten Flieger ist hervorragend an das Leben in der Luft angepasst. Der schlanke Körper und die bis zu 40 Zentimeter langen, sichelförmigen Flügel ermöglichen ihnen äußerst wendige Flugmanöver und Geschwindigkeiten bis 180 Kilometer in der Stunde. Damit sind sie unsere schnellsten Flieger und werden nur übertroffen von den „Fallgeschwindigkeiten" der Falken, die bis zu 300 Kilometer in der Stunde betragen können.

Ein schwieriger Schnappschuss: Ein fliegender Mauersegler lässt seine schrillen „SRIIEH"-Schreie hören. Sehr schön sind seine sichelförmigen Flügel zu sehen.

Mauersegler sind Boten des Sommers. Wenn sie mit ihrem schrillen „SRIIEH"-Schrei im Gruppen-Formationsflug um und über die Häuser schießen, dann vermitteln sie vielen Städtern das „echte Sommergefühl".

Eigentlich sind die Mauersegler Felsbrüter. Heutzutage brüten sie in den Städten an Häusern. Es ist schade, dass sie nur für kurze Zeit bei uns verweilen: Sie kommen erst Anfang Mai. Bereits Ende Juli sind sie nicht mehr in der Nähe ihrer Nistplätze zu hören bzw. zu sehen. Im August machen sie sich schon wieder auf zu ihrer Rückreise in den Süden. Süden bedeutet hier: südlich der Sahara, denn der Mauersegler ist ein Langstreckenzieher.

In Hamburg ist er in allen Teilen der Innenstadt zu Hause. Allerdings ist in den letzten Jahren ein gewisser Rückgang zu verzeichnen, da etliche Nistmöglichkeiten in Nischen und Spalten durch Renovierung, Wärmedämmung und andere bauliche Veränderungen verschwinden. Übrigens: Wenn durch derartige Baumaßnahmen Nistplätze der Mauersegler vernichtet werden, so ist der Bauunternehmer verpflichtet, für entsprechenden Ersatz wie Nistkästen zu sorgen.

Um diesem Schwund entgegenzuwirken, rief der Hamburger NABU 1999 zur Förderung der Mauersegler auf mit dem Motto „Lasst die Mauersegler nicht in der Luft hängen". Dieses Projekt ist nach wie vor wichtig. Hierzu gibt es Informationsbroschüren. Außerdem wird das Anbringen von speziellen Mauersegler-Nistkästen propagiert, die beim NABU erhältlich sind.

Sollten Sie einmal verletzte oder aus dem Nest gefallene Jungvögel des Mauerseglers finden, dann diese(n) bitte nicht in die Luft schleudern – wie gelegentlich empfohlen –, sondern einen Tierarzt, die Polizei oder den NABU kontaktieren.

**Kap. 3
Tauben etc.**

Hier: Mauersegler

*Oben:
Auch dieses Foto ist nicht einfach zu machen: Es zeigt, wie der Mauersegler bei seinem rasanten Nistkasten-Anflug mit seinen Federn das Tempo abbremst.*

*Unten:
Im Jahr 2000 wurden diese sechs Nistkästen an der Ostseite des Altbaus Hallerstraße 6/8 angebracht. Ab 2006 waren alle Nistkästen von Mauerseglern besetzt. Die An- und Abflüge sind am besten in der beginnenden Abenddämmerung zu sehen. Das Fotografieren war extrem schwierig. Aber Sie haben mein Ehrenwort: Am zweiten Nistkasten von links (Pfeil) handelt es sich wirklich um das Schwanzende eines gerade eingeflogenen Mauerseglers.*

Eisvogel (Alcedo atthis) (50 Rev.)

E Kingfisher F Martin-pêcheur d'Europe I Martin pescatore
NL Ijsvogel PL Zimorodek R Зимородок

Mit größter Wahrscheinlichkeit hat der Name weder mit Eis noch mit Eisen zu tun. Isaro wurde dieser Vogel im Althochdeutschen benannt. Im Laufe der Zeit wurde daraus wohl „Eis-".

Viel schöner und treffender sind die Beinamen „fliegender Edelstein" oder „Juwel der Lüfte". In der Tat springt beim fliegenden Eisvogel sofort die metallisch blau glänzende Oberseite ins Auge. Die rostbraune Unterseite und Wangen sowie die weiße Kehle und der weiße Halsfleck kommen erst beim sitzenden Vogel zur Geltung. Dann fallen auch der rund vier Zentimeter lange dolchförmige Schnabel und die leuchtend roten Füße auf.

Bei seinem Ansitz auf einem über das Wasser ragenden Ast zeigt er Wachsamkeit und Geduld. Plötzlich stößt er ins Wasser, um ein Fischlein oder ein Wasserinsekt zu erbeuten.

Am wahrscheinlichsten ist, dass Sie ihn bemerken werden, wenn er schnell niedrig über das Wasser fliegt. Dabei gibt er häufig einen hohen, durchdringenden Ruf „TIIHT" von sich, der bei Erregung oder Störung in schneller Folge wiederholt wird.

Dieses Mal war der Eisvogel beim Stoßtauchen erfolgreich. Beachten Sie bitte auch die kleine Zunge. Um dieses und das folgende Foto zu machen, bedarf es größter Ausdauer, Erfahrung und einer beachtlichen Portion Glück.

Nicht nur seine hübsche Färbung, die ihn zu dem am prächtigsten gefärbten einheimischen Vogel macht, sondern auch sein Brutplatz ist außergewöhnlich: In steile Uferwände oder Kiesgruben gräbt er mit seinem Schnabel eine Röhre, die 50–90 Zentimeter lang ist und am Ende einen kesselförmig erweiterten Raum aufweist.

Da geeignete steile Uferwände nicht sehr häufig zu finden sind, kann man die Eisvögel durch speziell konstruierte Eisvogelwände unterstützen. Eine derartige künstliche Steilwand als Bruthilfe wurde vom NABU an der Seebek angelegt.

Überwiegend hat er jährlich nur eine Brut, gelegentlich auch zwei. Ab und zu gibt es sogenannte Schachtelbruten. Dann hat er zwei Röhren in einer Wand. Während die Jungen in der ersten Röhre schon etwas größer sind, wird gleichzeitig sozusagen nebenan eine zweite Brut mit ganz kleinen Jungvögeln versorgt.

In Hamburg finden sich die meisten Brutpaare im Oberalsterraum wie z. B. im Rodenbeker Quellental. Aber Eisvögel sind mit Glück ebenfalls am Goldbek-, Eilbek- und Isebekkanal zu beobachten.

1978 fand ich am Goldbekkanal in der Nähe des Stadtparks einmal eine Schachtelbrut. In den letzten Jahren beobachtete ich den „fliegenden Edelstein" am Feenteich (Außenalster), bei der Krugkoppelbrücke und am Isebekkanal. Hier sah ich einst zwei Eisvögel unter der Hoheluftbrücke hindurchfliegen.

Ende Dezember 2012 und in den ersten Januartagen 2013 hielt sich ein Exemplar etwa 14 Tage am Isebekkanal zwischen der Brücke Bogen-/Mansteinstraße und dem Ende des Kanals beim Weidenstieg auf.

**Kap. 3
Tauben etc.**

Hier: Eisvogel

Wenn Vögel vögeln, heißt das in der Fachsprache kopulieren. Das entsprechende Substantiv ist die Kopula oder der Tret-Akt. Das Verb „vögeln" gab es schon im Mittelhochdeutschen und bezeichnete seinerzeit den Vorgang des Begattens zunächst nur bei den Vögeln. Dann wurde es gleichfalls für Menschen angewendet. Schon Goethe verwendete es sehr deftig und eindeutig in „Hanswursts Hochzeit". Und darf man sich bei der Wortwahl etwa nicht Goethe als Vorbild nehmen?

Wiedehopf und Wendehals: zwei interessante Vogelarten – leider nicht unter den 77!

Auf diese beiden interessanten Vogelarten möchte ich an dieser Stelle kurz eingehen: Beide beginnen mit dem Buchstaben „W", beide sind wärmeliebende Arten. Beide sind aus Hamburg ganz oder fast ganz verschwunden. Leider, leider …

Wiedehopf (Upupa epops) (Z.)

Das Verbreitungsgebiet des Wiedehopfs mit seinen Unterarten umfasst weltweit zahlreiche Länder in Europa, Asien und Afrika. Nur in Hamburg kommt er schon seit vielen Jahrzehnten nicht mehr vor.

Den hübschen Wiedehopf gibt es leider nicht (mehr) in Hamburg. Dieser hier ist „Portugiese".

Das ist sehr schade, denn der Name dieses schmucken und außergewöhnlichen Vogels mit seiner rot-gelb-schwarzen Kopfhaube und seinem markanten Ruf „HUUP – HUUP – HUUP" ist vielen Menschen geläufig. Nicht zuletzt hat er im wahrsten Sinne des Wortes eine tragende Rolle in dem populären Lied „Die Vogelhochzeit": „Der Wiedehopf, der Wiedehopf, der bringt der Braut den Suppentopf …"

Ein wenig Trost verbleibt uns: In einigen anderen Bundesländern gibt es ihn noch. Der gesamtdeutsche Bestand wird auf maximal 450 Paare geschätzt.

In südlichen Ländern wie Italien, Portugal und Spanien ist er noch relativ häufig anzutreffen. Sogar auf der bei den Deutschen so beliebten Ferieninsel Mallorca ist er noch gut vertreten.

**Kap. 3
Tauben etc.**

Hier: Wiedehopf

Dieser Wiedehopf wurde an seiner Bruthöhle in einem Weinberg (Kaiserstuhl) fotografiert. Der Kaiserstuhl ist die wärmste Region Deutschlands mit fast mediterranem Leben. Es ist auch eine der wenigen Gegenden Deutschlands, wo der Bienenfresser brütet. Meist ist die Fächerhaube des Wiedehopfs angelegt – wie auf beiden Fotos dokumentiert wird. Aber sie ist auch aufrichtbar. Sehr schön ist auch der lange gebogene Schnabel zu erkennen, mit dem Insekten aller Art aus dem weichen Boden oder aus Spalten hervorgeholt werden.

Wendehals (Jynx torquilla) (Z.)

Viele Menschen wissen gar nicht, dass es einen Vogel dieses Namens wirklich gibt. Schließlich hat der Wendehals in Deutschland im Rahmen der Wende 1989/90 vor allem auf politischem Gebiet eine nicht zu unterschätzende Karriere gemacht …

Die Gattungsbezeichnung „jynx" leitet sich aus dem Griechischen ab. „Torquilla/torqueo" ist lateinisch und bedeutet: drehen, winden. Der Wendehals verdreht den Kopf und macht mit dem Hals schlangenartige Bewegungen.

Er ist etwas größer als ein Sperling, macht aber durch seinen langgezogenen Körper einen größeren Eindruck. Er hat eine rindenfarbige Oberseite.

Auch der Wendehals ist seit 16 Jahren als Brutvogel aus Hamburg verschwunden. Mit seiner rindenähnlichen Zeichnung auf dem Rücken ist er bestens getarnt. Dieses Exemplar hielt sich vom 13. bis 15.4.2012 am Naturschutzhaus Boberger Niederung auf.

Kap. 3
Tauben etc.

Hier: Wendehals

Beim Vorkommen des Wendehalses sieht es besser aus als beim Wiedehopf. In Deutschland sind es geschätzte 14.000 Reviere – aber mit deutlich abnehmender Tendenz.

In Hamburg jedoch sieht es bedauerlicherweise zappenduster aus (Zappe: s. Blässralle): Anfang des 20. Jahrhunderts gab es noch einen stabilen Bestand in mehreren Parks, an der Oberalster und auf dem Ohlsdorfer Friedhof.

Aber das letzte in der Hansestadt brütende Paar wurde 1997 in der Boberger Niederung beobachtet. Seitdem ist dieser hübsche und interessante Vogel als Brutvogel aus der Hansestadt verschwunden. Sehr betrüblich!

Wendehälse sind sehr gut getarnt. Wahre Meister der Tarnung sind jedoch die Nachtschwalben (Ziegenmelker). Hier eine Schleppen-Nachtschwalbe (Long-tailed nightjar) in Gambia. Sie lag tagsüber dicht auf den Boden gedrückt keine zwei Meter von einem Pfad entfernt, von wo man sie in Ruhe fotografieren konnte. Alle Nachtschwalben sind nachtaktiv. Tagsüber schlafen sie und vertrauen voll und ganz auf ihre Tarnung.

Spechte

Buntspecht (Dendrocopos major) (3.000 Rev.)

E Great spotted woodpecker F Pic épeiche I Picchio rosso maggiore NL Grote bonte specht PL Dzięcioł duży R Большой пестрый дятел

Rechte Seite: Der Mai 2012 ist gekommen: Ein Paar Buntspechte hat sich eine Nisthöhle in der Erikastraße, im Herzen von Eppendorf, ausgesucht. Das Männchen macht sich an der Höhle zu schaffen. Das Weibchen kann den Hals bzw. den Schnabel nicht voll genug bekommen.

Wenn wir den griechischen und lateinischen Namen übersetzen, erhalten wir die passende Benennung „großer Baumhämmerer".

Noch vor einigen Jahren war die Bezeichnung „Großer" Buntspecht üblich. Nun heißt er nur noch Buntspecht und sein kleinerer Vetter „Kleinspecht".

Der Buntspecht macht einen schwarz-weißen Eindruck. Wichtige Bestimmungsmerkmale sind die großen, weißen Schulterflecke, die roten Unterschwanzdecken (Steiße) und der schwarze Scheitel. Die Männchen haben zusätzlich einen roten Genickfleck.

Meist macht er durch seinen Trommelwirbel und durch seinen harten, lauten Ruf „KICK" auf sich aufmerksam. Er ist ein begnadeter „Trommler" und dazu der schnellste aller Spechtarten: 10–15 Schläge pro Sekunde. Versuchen SIE es einmal mit dem Finger …

In Deutschland und auch in Hamburg ist er die mit Abstand häufigste Spechtart. In der Hansestadt hat sein Bestand deutlich zugenommen. Er ist er immer weiter in das innere Stadtgebiet vorgedrungen. Bruten sind nun üblich z.B. im Alten Botanischen Garten, am Isebekkanal oder in Alleebäumen wie etwa in der Eimsbütteler Brahmsallee.

So sieht der Kopf des männlichen Buntspechts, erkenntlich an dem Rot des Hinterkopfs, aus. Er protestiert ein wenig mit seinem kräftigen Schnabel, denn er wird gerade beringt.

Grünspecht (Picus viridis) (160 Rev.)

E Green woodpecker F Pic vert I Picchio verde NL Groene specht
PL Dzięcioł zielony R Зеленый дятел

Das lateinische Wort „viridis" = grün wird in den meisten fremdsprachlichen Namen dieses Spechts verwendet.

Dieser große Specht ist eine Augenweide mit seiner olivgrünen Oberseite, hellgraugrüner Unterseite, dem gelblichen Bürzel und dem roten Scheitel. Häufig sieht man ihn auf dem Boden, wo er nach Ameisen sucht.

Noch öfter werden Sie ihn jedoch hören. Sein sehr lautes, weitschallendes „Lachen" ist über Hunderte von Metern zu vernehmen. Es hört sich etwa wie „GLÜK-GLÜK-GLÜK-GLÜK" an, wobei die hinteren Töne etwas abfallen.

In Hamburg befinden sich die meisten Reviere in den Stadtrandbezirken mit alten Bäumen. Aber auch im Jenisch-, Hirsch- und gelegentlich im Stadtpark ist er zu hören.

Ein Grünspecht bei seiner Lieblingsbeschäftigung, dem Ameisenfressen. Aufmerksam schaut er nach oben und denkt wohl: „Hoffentlich ist da kein Greifvogel!"

Außerdem brüten in Hamburg noch der Klein-, Mittel- und Schwarzspecht – alle in deutlich geringerer Anzahl als die beiden oben besprochenen Spechte. Auf eine andere kuriose Spechtart möchte ich Sie im Folgenden hinweisen:

„Schwindel-Specht" (Picus erhardtius)

Weltweit einzigartig ist eine auf den Hamburger Stadtteil Wellingsbüttel, den letzten Wohnort des Komikers Heinz Erhardt, beschränkte Art, und zwar im doppelten Sinne des Wortes: der „Schwindel-Specht".
Dazu lesen wir:

**Kap. 3
Tauben etc.**

**Hier:
Schwindel-Specht**

*Auf einem Baum saß ein Specht.
Der Baum war hoch. Dem Specht war schlecht.*

(Heinz Erhardt)

Laut einer unzuverlässigen Wellingsbüttler Quelle sitzt der Schwindel-Specht just in diesem Moment ganz oben unterhalb der Krone dieser Robinie (s. Pfeil). Wenn man hinaufsieht, versteht man sofort den Schwindel-Anfall des Vogels. Leider ist es auch der Schwindel-Kamera nicht gelungen, diese Spechtart fotografisch zu belegen – der Specht saß dummerweise in diesem Moment auf der Rückseite des Stammes.

Pirol (Oriolus oriolus) (45 Rev.) (Z.)

E Golden oriole F Loriot I Rigogolo NL Wielewaal PL Wilga
R Иволга

Wie schon im Lateinischen so sind mehrere Namen in obigen Sprachen lautmalerisch. Sie alle beziehen sich auf den angenehmen, klangvollen, laut flötenden Ruf „DÜÜDLIO". Dieser kann auch in etwa als „BÜÜ—LO" wiedergegeben werden. Deshalb existiert auch die Benennung des Pirols als „Herr von Bülau" oder „Vogel Bülow".

An dieser Stelle ist eine interessante Anmerkung angebracht: Der berühmte und so vielseitige Humorist „Loriot" wählte diesen Künstlernamen – französisch für Pirol – wegen seines (verkürzten) bürgerlichen Namens „Vicco **von Bülow**".

Während bei der Namensgebung überwiegend das Lautmalerische im Vordergrund steht, wird gelegentlich dem hübschen Aussehen des Pirols die Ehre erwiesen wie z.B. bei der Benennung „Goldamsel".

Der Pirol ist etwa amselgroß. Das Männchen ist eine wahre Schönheit: Es ist leuchtend gelb mit schwarzen Flügeln und schwarzem Schwanz. Das Weibchen ist oben gelblich grün, unten grauweiß mit feinen dunklen Strichen.

Die Pirole gehören zu den wenigen Zugvögeln, die erst spät, nämlich Anfang Mai, bei uns eintreffen. Ein Vogelbeobachter berichtete mir, dass „sein" Pirol jedes Jahr auf den Tag genau am 10.5. in einem Obstbaum seines Gartens mit dem Bau seines kunstvollen Hängenests begann.

Dieser Vogel ist sehr heimlich und schwer zu beobachten, da er überwiegend im Kronendach hoher Bäume lebt. Aber er „verrät" sich durch seinen wundervollen Ruf. Mit Glück sieht man seinen schnellen Flug, in langen Wellen, bevor er typischerweise in das nächste Laubdach emporschießt. Sehr gern hält er sich in Pappeln oder großen Birken auf.

In Hamburg war der Pirol Anfang des 20. Jahrhunderts ziemlich verbreitet und kam sogar z.B. im Eppendorfer Moor, auf dem Ohlsdorfer Friedhof und in den großen Parks an der Elbchaussee vor. Heutzutage können Sie ihn im Duvenstedter Brook, im Harburger Moorgürtel oder an der Oberalster hören – und mit Glück vielleicht sogar sehen.

**Kap. 3
Tauben etc.**

Hier: Pirol

Hier: Ein männlicher Pirol fühlt sich im Laubdach wohl.

4 Rabenvögel, Meisen, Feldlerche, Schwalben, Laubsänger, Rohrsänger, Grasmücken

Rabenvögel

Elster (Pica pica) (7.200 Rev.)

E Magpie F Pie bavarde I Gazza NL Ekster PL Sroka R Сорока

Von weitem scheint die Elster schwarz-weiß zu sein. Aus der Nähe betrachtet erkennt man jedoch, dass sie ein sehr schönes Gefieder mit grünem, blauem und purpurfarbenem Glanz besitzt.

Die Elster mit ihrem langen Schwanz und den häufigen und ziemlich lauten Rufen „SCHACK-SCHACK-SCHACK" ist allgemein bekannt. In den letzten Jahren ist sie immer weiter in die Stadt vorgedrungen.

Ja, allgemein bekannt ist sie. Aber ist sie deswegen auch beliebt? Auf diese rhetorische Frage kann man nur mit einem unüberhörbaren „Nein!" antworten. Seit bereits fast 200 Jahren hat sie mit ihrem schlechten Ruf zu kämpfen, denn 1817 wurde die Oper „La gazza ladra" = Die diebische Elster von G. Rossini aufgeführt, die wiederum auf dem französischen Melodram „La pie voleuse" basierte.

Rechte Seite oben: Mitten im Stadtzentrum – hier am Stephansplatz/Esplanade – baut die Elster ihr typisches rundes Nest. Im Hintergrund das 1907 von den Architekten Boswau und Knauer erbaute ehemalige „Hotel Esplanade", nach 1945 wurde es das „Phrix-Haus", heutzutage beherbergt es ein Spielcasino.

Unten: Elstern sind klug und sehr geschickt, was dieses Exemplar hier am Meisenknödel im Alten Botanischen Garten beweist.

**Kap. 4
Rabenvögel etc.**

Hier: Elster

Lassen wir uns nicht beirren. Was können wir zu ihrer „Verteidigung" anführen? Nun, die Elster ist hübsch, schlau und treu, denn die Paare bleiben ein Leben lang zusammen. Wie viele von uns Menschen können von sich Gleiches behaupten?

Nun wenden viele ein: „Aber die Elstern fressen unsere Singvögel!" J-ein! Es ist wahr: Sie fressen **u. a.** auch Singvögel und deren Eier. Wie gesagt: Unter anderem, denn Elstern sind Allesfresser. Hauptsächlich ernähren sie sich von Abfällen, Schnecken, Insekten, Würmern und pflanzlicher Kost. Unter den wenigen Vögeln stehen Amseln an erster Stelle. Das ist nicht weiter tragisch, da die in Großstädten lebenden Amseln wiederum jährlich bis zu vier Bruten haben. Und in Hamburg ist die Amsel mit 68.000 Revieren der mit Abstand häufigste Singvogel.

Fazit: Von der Dezimierung der Singvögel durch Elstern kann nicht die Rede sein. Das haben im Übrigen auch etliche wissenschaftliche Untersuchungen ergeben. Neuerdings ist festgestellt worden, dass die Rabenkrähe die Elster bis zu einem gewissen Maße verdrängt.

Unten: In Europa gibt es außer obiger Elster nur noch eine einzige Art: die hübsche Blauelster (Azure-winged magpie), die man in Südportugal und Südspanien beobachten kann. Sie ist eigentlich eine südostasiatische Art, die wahrscheinlich vor einigen Jahrhunderten von Seefahrern eingeschleppt wurde.

Eichelhäher (Garrulus glandarius) (3.300 Rev.)

E Jay F Geai des chênes I Ghiandaia NL Vlaamse gaai PL Sójka R Сойка

Den lateinischen Namen könnte man in etwa übersetzen mit „Schwätzer, der mit Eicheln zu tun hat".

Der Eichelhäher ist ein Allesfresser. Im Herbst stehen jedoch Eicheln an erster Stelle auf seiner Speisekarte. Übrigens macht ihn das in Waldgebieten zu einem hervorragenden Förster bzw. Baumpflanzer. Denn einen Teil der eingegrabenen Eicheln findet er nicht mehr wieder, so dass aus ihnen Bäume wachsen können.

„Schwätzer" geht auf seine zahlreichen unterschiedlichen Stimmäußerungen zurück: Sein typisches lautes, etwas heiseres

„RÄÄTSCH" hört man am häufigsten. Diesen Ruf stößt er bei Störungen aller Art aus und warnt damit andere Tiere zumindest im Wald. Daher wird er bei Jägern „der Markwart des Waldes" genannt.

Ferner imitiert er andere Vogelstimmen. Seine beste Imitation ist das „HIÄÄH" des Mäusebussards. Zu seinem Repertoire gehören auch knackende und miauende Laute.

Im Übrigen ist der Eichelhäher ein hübscher, bunter Vogel. Am bekanntesten sind die blau gemusterten Federn auf seinen Flügeldecken, die manche – insbesondere Jäger – gern als Schmuckfeder am Hut tragen. Im Flug sind die weißen Felder auf Bürzel und Armschwingen kennzeichnend.

Außer Eicheln, Nüssen, Bucheckern und Insekten frisst er auch mal Jungvögel oder Vogeleier.

In Hamburg ist er in den letzten Jahrzehnten immer weiter in die Stadt vorgestoßen. Heute gehört er z. B. im Grindelviertel, am Isebekkanal, in Planten un Blomen und im Alten Botanischen Garten zu den gängigen Vogelarten.

Kap. 4
Rabenvögel etc.

Hier: Eichelhäher

Ein hübscher und schlauer Vogel. Hier kommt sehr schön das blaue Flügelmuster zur Geltung. Diese blauen Federn schmück(t)en so manchen Hut.

Rabenkrähe (Corvus corone) (4.900 Rev.)

E Carrion crow F Corneille noire I Cornacchia nera NL Zwarte kraai PL Czarnowron R Чёрная ворона

Die Rabenkrähe ist vollständig schwarz einschließlich des Schnabels und des Schnabelansatzes. Vogelkundliche Laien mögen sie manchmal für einen (Kolk-)Raben halten, denn schließlich ist sie ja „rabenschwarz".

Kolkraben sind jedoch viel seltener (gerade mal 14 Reviere in den Hamburger Außenbereichen), deutlich größer, erheblich scheuer und Einzelgänger.

Hier zeigt sich eine Rabenkrähe als gewandter Flugkünstler. Sie und einige ihrer Artgenossen werden von einem Rabenvogelfreund im Stadtpark häufiger gefüttert und „dressiert".

Wenn Sie in der Stadt diese großen schwarzen Rabenkrähen sehen, wird Ihnen die fehlende Scheu und die geringe Fluchtdistanz auffallen. Häufig nähern sie sich dem Menschen bis auf wenige Meter.

In Hamburg ist der Bestand an Rabenkrähen in den letzten zwanzig Jahren deutlich gestiegen. Die Stadt bietet diesen Vögeln schließlich reichlich Nahrung. Die schlauen Krähenvögel wissen auch, wo und wie man sie am schnellsten findet – im Zweifelsfall durch Ausräumen von Papier- und Abfallbehältern. Es werden zunehmend umherstreifende, nicht brütende Rabenkrähen beobachtet. Das ist ein Indiz dafür, dass kaum Brutreviere mehr zur Verfügung stehen und damit wohl eine Obergrenze des Bestandes erreicht sein dürfte.

**Kap. 4
Rabenvögel etc.**

Hier: Rabenkrähe

„Schwarz und schwarz gesellt sich gern." Die Fluchtdistanz von Rabenkrähen ist in der Stadt sehr gering. Hier lässt sich der Vogel aus kürzester Entfernung fotografieren. Den Abfallbeutel hat er gerade geschickt aus einem Papierkorb manövriert – eine von Menschen wenig geschätzte Aktivität …

Saatkrähe (Corvus frugilegus) (270 Rev.)

E Rook F Corbeau freux I Corvo NL Roek PL Gawron R Грач

Der lateinische Name „frugilegus" bedeutet „Früchte sammelnd". Hier geht es jedoch nicht um Obst, sondern um Früchte des Feldes. In der Tat sucht diese Krähenart ihre Nahrung eher auf Feldern und im Stadtgebiet auf Wiesen und Rasen.

Die Saatkrähe ist leicht zu identifizieren. Sie ist ganz schwarz, hat aber ein nacktes, weißliches Gesicht und einen kahlen, grauweißlichen Schnabelgrund.

Saatkrähen sind sehr gesellig und rasten häufig in kleinen Trupps in Baumwipfeln. Sie vertragen sich gut mit den Dohlen. Man sieht sie nicht selten zusammen auf der Futtersuche.

Nach heftigen Schneefällen am 9. und 10.3.2013 lag Hamburg unter einer zehn Zentimeter dicken Schneedecke. Diese Saatkrähe balancierte auf Nahrungssuche im Alten Botanischen Garten vorsichtig Schritt für Schritt auf einem vereisten Balken. Was war sie? Ein hanseatischer Brutvogel oder ein Wintergast? In jedem Fall ist bei allen Saatkrähen der hier gut sichtbare grauweiße Schnabelgrund ihr typisches Merkmal.

Diese Krähen brüten in Kolonien, die mehrere Hundert Nester umfassen können. Damit sind Konflikte mit den Menschen vorprogrammiert, die sich durch Krähenlärm und Verkotung belästigt fühlen. Infolgedessen werden die Kolonien zum Teil zerstört oder die Krähen planmäßig vergrämt.

Kolonien befinden sich z. B. in Eidelstedt, Schnelsen, Niendorf und Groß Borstel. Kolonien aus der Innenstadt sind praktisch verschwunden. Vor ca. 10 Jahren gab es eine kleine Kolonie in den Kastanien an der Kennedybrücke/Ecke Alsterglacis.

Im Winter sieht man regelmäßig Saatkrähen bei der Futtersuche auf Rasenflächen im städtischen Bereich wie etwa in der Parkanlage Grindelberg bei den Hochhäusern. Häufig sind es dann allerdings keine hiesigen Brutvögel, sondern Wintergäste aus dem Norden.

**Kap. 4
Rabenvögel etc.**

Hier: Saatkrähe

Dohle (Corvus monedula) (500 Rev.)

E Jackdaw F Choucas des tours I Taccola NL Kauw PL Kawka R Галка

In den Namen mehrerer Sprachen spiegelt sich der unverkennbare Dohlenruf „KJACK" oder seltener „KJACKA-KJACKA-KJACK" wider.

Die Dohle unterscheidet sich von anderen Rabenvögeln durch ihre geringere Größe, grauen Nacken, graue Ohrdecken und

dunkelgraue Unterseite. Ihre hübschen Augen sind hellgrau und auffällig. Dohlen sind lebhafter und bewegen sich schneller als die anderen dunklen Rabenvögel.

Ursprünglich waren Dohlen Baumbrüter. Nunmehr finden wir sie viel häufiger als Gebäudebrüter – und hier insbesondere in Schornsteinen. Man kann und sollte ihnen Nistkästen anbieten. Als Koloniebrüter wären für die Dohlen mehrere Nistkästen nebeneinander sinnvoll.

Wenn Sie einmal am Hamburger Flughafen Fuhlsbüttel sind: Auf der Aussichtsplattform des Flughafens sind regelmäßig einige Dohlen zu beobachten.

Im Herbst und Winter kann man kurz vor Einbruch der Dämmerung Scharen von Dohlen, vergesellschaftet mit Saatkrähen, über Teilen der Innenstadt fliegen sehen. Mehrfach beobachtete ich Flüge von einhundert bis zweihundert Individuen, wenn sie abends über die Grindelhochhäuser zu ihren Schlafplätzen auf Bäumen flogen.

Dabei kann man die typischen „KJACK"-Rufe der Dohlen hören. Im Schwarm unterscheiden sie sich durch ihre geringere Größe von den Krähen. Der Flug der Dohlen erinnert übrigens an den der Tauben.

**Kap. 4
Rabenvögel etc.**

Hier: Dohle

*Nächste Doppelseite:
Vier junge Dohlen sitzen hier wie auf einem Präsentierteller. Als Jungvögel sind sie leicht an dem noch gelblichen Schnabelgrund zu erkennen. Sie schauen irgendwie leicht verdutzt und gleichzeitig neugierig in die Weltgeschichte.*

*Linke Seite:
Dohlen sind recht hübsche und gelehrige Vögel. Man beachte die schönen Augen und die feinen Grau-Abstufungen an ihrem Kopf!*

Meisen

Kohlmeise (Parus major) (35.000 Rev.)

E Great tit F Mésange charbonnière I Cinciallegra NL Koolmees PL Bogatka R Большая синица

Der lateinische Name „major" zeigt schon, dass es sich bei der Kohlmeise um eine „größere" Meisenart handelt. Sie ist sogar unsere größte. „Kohl-" bezieht sich auf das schwarze Längsband auf der gelben Brust, das den Körper wie angekohlt erscheinen lässt. Das mag eine zutreffende Interpretation sein, zumal der französische Name sich ebenfalls auf „charbon" = Kohle bezieht. Dieser schwarze Streifen von oben nach unten ist bei dem Weibchen nicht ganz so stark ausgeprägt.

Hals und Kopf sind glänzend bläulich schwarz, die Wangen weiß. Die Kohlmeise ist einer unserer häufigsten Singvögel. Im Winter ist sie allerorten an den Futterstellen zu beobachten und deshalb allgemein bekannt.

Schon an schönen hellen Tagen im Januar ist ihr „Läuten" zu hören und zeigt an, dass der Frühling bald – oder zumindest irgendwann – kommen wird. Dieser Gesang ist meist drei-

Ich hörte folgendes Kohlmeisengespräch: linke Kohlmeise: „Ich will nach Eimsbüttel fliegen!", rechter Vogel: „Nein, ich will lieber nach Eppendorf."

Kap. 4
Rabenvögel etc.

Hier: Meisen

„Was streiten sich die beiden? Für mich ist klar: Ich bleibe hier!"

silbig etwa wie „ZIZIDÄH-ZIZIDÄH-ZIZIDÄH" und wird im Volksmund gern mit „Schinkenspeck-Schinkenspeck-Schinkenspeck" wiedergegeben.

Ihr Stimmenrepertoire ist umfangreich und variabel. Obiger Gesang wird auch zweisilbig vorgetragen. Gängige Rufe lauten wie „PINK-PINK", ähnlich wie beim Buchfinken, weshalb sie gelegentlich „Finkmeise" genannt wird. Aber nicht selten meldet sie sich auch mit „ZI-DÄ-DÄ" oder ruft blaumeisenähnlich „DSCHERRR REDEDED".

Im Sommerhalbjahr ernähren sie sich und ihre Jungen von Insekten. Im Winterhalbjahr stehen überwiegend Samen auf ihrer Speisekarte.

Als Höhlenbrüter nehmen sie gern Nistkästen an. Aber sie brüten auch in Baumhöhlen, Felsspalten oder Mauerlöchern. Immer wieder sind sie für skurrile Brutplätze bekannt wie Briefkästen oder löcherige Laternenpfähle.

In Hamburg ist die Kohlmeise in allen Stadtteilen zu finden. Nach der Amsel ist sie hier die häufigste Brutvogelart.

Blaumeise (Parus caeruleus) (30.000 Rev.)

E Blue tit F Mésange bleue I Cinciarella NL Pimpelmees
PL Modraszka (Sikora modra) R Лазоревка

Nicht selten suchen sich besonders Kohl- und Blaumeisen ungewöhnliche Nisthöhlen aus. Hier in einem Rahlstedter Briefkasten, in dem das Namensschild fehlt. Diese Blaumeise hat übrigens keinen Kaugummi im Schnabel, sondern einen Kotballen. Höhlenbrüter entfernen die mit einer dünnen Schicht umgebenen Kotballen der Jungvögel aus dem Nest – aus hygienischen Gründen.

Wie im Lateinischen so wird auch in einigen anderen Sprachen bei der Namensgebung auf die Farbe Blau großer Wert gelegt. In der Tat fällt das lebhafte Blau auf dem Scheitel, Flügeln und Schwanz bei dieser kleinen Meise besonders auf.

Die Blaumeise ist etwas kleiner als die Kohlmeise und macht einen helleren Eindruck. Sie ist fast ebenso häufig wie ihre größere Verwandte.

„Possierlich" oder „niedlich" sind zwei Wörter, die wohl den meisten Menschen beim Betrachten dieser Vögel einfallen. Sie sehen niedlich aus, turnen bei der Nahrungssuche gewandt zwischen Ästen und kleinen Zweigen oder klammern sich geschickt an hängendes Winterfutter.

So klein sie sind, so aggressiv verteidigen Blaumeisen ihr Brutrevier z. B. gegen Kohlmeisen. Vogelberinger berichten, dass Blaumeisen trotz ihres winzigen Schnabels damit erhebliche Kraft aufbringen und die Fingerkuppen und Hände sehr unangenehm zwicken können.

Stimmlich kann die Blaumeise mit der Kohlmeise nicht mithalten. Der Blaumeisengesang beginnt mit „ZI-ZI". Darauf folgt

Kap. 4
Rabenvögel etc.

Hier: Blaumeise

Oben:
Diese Blaumeise zieht eine „normale" Naturhöhle als Nistplatz vor.

ein hell perlender „SIRRR"-Triller. Häufig hört man bei ihr auch ein rau schimpfendes „ZERRERRTET". In Hamburg ist sie überall vertreten. Auch dort, wo in der Innenstadt Bäume und Büsche vorhanden sind, ist sie anzutreffen.

Unten:
Viele Meisen lassen sich hervorragend bei der Winterfütterung beobachten. Hier zeigt eine Blaumeise ihre Geschicklichkeit an einem Erdnussbeutel, die nach meinen Beobachtungen immer gern angenommen werden.

Tannenmeise (Parus ater) (2.100 Rev.)

E Coal tit F Mésange noire I Cincia mora NL Zwarte mees
PL Sikora sosnówka R Московка

Das lateinische „ater" = schwarz findet sich in mehreren der obigen Sprachen wieder. Diese Farbe bezieht sich auf den schwarzen Kopf.

Aber Vorsicht bei der Bestimmung: Auf den ersten Blick wirkt die Tannenmeise wie eine kleine Kohlmeise. Man muss schon etwas genauer hinschauen, denn das wichtigste Bestimmungsmerkmal ist der weiße Nackenfleck.

Sie ist unsere kleinste Meise. Daher ist ihre Stimme dünner als die der Kohlmeise. Der Tannenmeisengesang ist ein wiederholtes und rhythmisches „WIZE-WIZE-WIZE". Es wird schneller und feiner vorgetragen als in den Rufen der Kohlmeise. Es hört sich ein wenig an, als ob man eine feine Gerte hin und her durch die Luft schwingt.

Wie die meisten Meisenarten sind auch Tannenmeisen Höhlenbrüter. Gern nisten sie in Baumhöhlen. Aber auch Nistkästen verschmähen sie keinesfalls. Notfalls nehmen sie auch mit Löchern in Baumwurzeln, Steinmauern oder Felsspalten vorlieb.

Bei zu großen Innenräumen wissen sie sich zu helfen: Sie kleiden diese einfach mit Moos aus und verkleinern sie somit.

Im Winter sind die Tannenmeisen nicht selten in sogenannten „bird parties" unterwegs, d.h. in gemischten Trupps mit anderen Meisenarten, Baumläufern, Kleibern oder Goldhähnchen.

In Hamburgs Außenbezirken bzw. in der Nähe von Nadelgehölzen besuchen sie auch winterliche Futterstellen.

Diese Meise lebt – nomen est omen – vornehmlich in Nadelwäldern. Wenngleich 2.100 Reviere in Hamburg ziemlich viel erscheinen, so werden Sie die Tannenmeise im Innenstadtbereich nicht antreffen. Allerdings können Sie in den Nadelbäumen des Ohlsdorfer Friedhofs durchaus fündig werden. Schwerpunkte der Verbreitung sind die Harburger Berge und Walddörfer sowie natürlich der Sachsenwald östlich von Hamburg.

**Kap. 4
Rabenvögel etc.**

Hier: Tannenmeise

Das herausragende Merkmal der zierlichen Tannenmeise ist der weiße Nackenfleck.

Schwanzmeise (Aegithalos caudatus) (1.200 Rev.)

E Long-tailed tit F Mésange à longue queue I Codibugnolo
NL Staartmees PL Raniuszek R Длиннохвостая синица

Auf dem lateinischen „caudatus" = mit Schwanz basieren die meisten obigen Namen. Interessant ist das holländische „Staart", das an das niederdeutsche „Steert" = Schwanz erinnert. Ja, der Schwanz dieser Meise ist fast acht Zentimeter lang bei einer Gesamtlänge des Vogels von nur 14 Zentimetern. Dadurch und durch das schwärzlich-weißlich-rötliche Gefieder ist dieses Vögelchen unverkennbar.

Auf den langen Schwanz bezog sich auch der frühere volkstümliche Name „Pfannenstiel(chen)".

In Europa gibt es mehrere Rassen mit kleineren Abweichungen im Gefieder. Zu uns kommt im Winter am ehesten die in Nordeuropa beheimatete nördliche Rasse mit einem hübschen reinweißen Kopf.

Elisabeth Kreisl in Dresden, die etliche Gedichte schrieb, reimte voller Begeisterung über diese Vögelchen:

Meisen – wie aus dem Paradies
Grazile weißköpfige Schwanzmeisen,
balancierende Meister im Geäst …

Reinweiß sind Kopf und Unterseite
der Vögel – wie kleine Federbälle,
sie turnen geschickt im lichten Gezweige,
schwärmen in Trupps zur Futterstelle.

Bei ihren Streifzügen lassen die Schwanzmeisen ständig ein feines dreisilbiges „TSI-TSI-TSI" hören sowie ein kurzes surrendes „TSERRP". Selten fliegen Schwanzmeisen allein umher. Nach der Brutzeit und dann im Herbst und Winter bilden sie Familientrupps, zu denen sich häufig weitere Vögel gesellen.

Im Gegensatz zu vielen anderen Meisenarten ist die Schwanzmeise kein Höhlenbrüter. In hohen Büschen oder Astgabeln von Bäumen baut sie ein kunstvolles, kugelförmiges Nest mit seitlicher Einschlupföffnung. Besonders beliebte Neststandorte sind

Nadelhölzer und immergrüne Hecken wie Liguster, Eibe, Thuja.

Zur Brutzeit fliegen sie oft mit verbogenen Schwanzfedern umher. Es soll sehr putzig aussehen, wenn die Jungvögel groß werden und kurz vor dem Ausfliegen etliche Meisenschwänze durch die Nestwand nach außen gestreckt sind.

In Hamburg hat die Schwanzmeisenpopulation deutlich zugenommen. In den letzten zehn bis zwanzig Jahren ist diese Art immer weiter in die Stadt vorgedrungen, so dass sie in vielen Parks, Grünanlagen und Gärten z. B. in Eimsbüttel und im Alten Botanischen Garten beobachtet werden können.

**Kap. 4
Rabenvögel etc.**

Hier: Schwanzmeise

*Oben:
Meistens werden Sie in Hamburg diese possierliche Schwanzmeisenart sehen, die auch hier brütet.*

*Unten:
Diese weißköpfige Unterart brütet im Nordosten Europas. Hin und wieder lässt sie sich bei uns im Winter beobachten.*

Sumpfmeise (Parus palustris) (800 Rev.)

E Marsh tit F Mésange nonnette I Cincia bigia NL Glanskopmees
PL Sikora uboga R Черноголовая гаичка

**Kap. 4
Rabenvögel etc.**

Hier: Sumpfmeise

Der wissenschaftliche Name „palustris" bezieht sich auf Sumpf. Er ist heutzutage etwas irreführend, denn die Sumpfmeise lebt vornehmlich in Laub- oder Mischwäldern und Hecken. Alte Laubbäume sind für sie lebenswichtig.

Ein zweiter Name für die Sumpfmeise ist Nonnenmeise, wobei auf die glänzend schwarze Kopfkappe angespielt wird. In dem französischen Namen „nonnette" = (junge) Nonne ist dieser Bezug ebenfalls hergestellt.

Die Sumpfmeise ist etwas kleiner als die Blaumeise. Außer der erwähnten schwarzen Kopfplatte hat sie einen kleinen schwarzen Kehlfleck (Lätzchen). Die Oberseite ist graubraun, die Unterseite weißlich. Sumpfmeisenpaare sind normalerweise ein ganzes Leben zusammen. Daher ist es nicht verwunderlich, dass man sie im Winter selten in Trupps, sondern normalerweise zu zweit antrifft.

Typisch sind für sie ein lauter, fast explosiver Ruf „PISTJÄ", auch als „NIFÄ" wiedergegeben, sowie ein zeterndes „ZJÄ-DÄ-DÄ".

Da diese Meise gern in Laubbäumen lebt, kommt sie in Hamburg vor allem in den Harburger Bergen, Klövensteen und den Walddörfern vor. Im Innenstadtbereich gibt es sie nur sehr spärlich. Aber z. B. im Alten Botanischen Garten wird sie regelmäßig beobachtet.

Die zierliche Sumpfmeise hat eine schwarze Kopfplatte und ein schwarzes „Lätzchen". Sie kann lediglich mit der sehr ähnlichen, aber erheblich selteneren Weidenmeise verwechselt werden.

Haubenmeise (Parus cristatus) (500 Rev.)

E Crested tit F Mésange huppée I Cincia dal ciuffo NL Kuifmees PL (Sikora) Czubatka R Хохлатая синица

Wie schon beim Haubentaucher beschrieben bedeutet „cristatus" „mit Haube". Dieser Kopfschmuck wird in den Namen der meisten Sprachen naturgemäß besonders hervorgehoben.

Die Haube ist spitz und schwarz-weiß gefärbt. Zusammen mit dem schwarzen Kehllatz und dem schwarzen Halsring zeigt uns diese Meise ein ausgesprochen hübsches Köpfchen. Die Oberseite ist braungrau, die Unterseite beige.

Die Federhaube ist immer zu sehen. Sie kann jedoch verschieden hoch aufgerichtet werden. Männchen und Weibchen sind gleich gefärbt.

Haubenmeisen hacken sich häufig ihre Nisthöhlen selbst, sofern sie morsches, totes oder sehr weiches Holz vorfinden. Gelegentlich ziehen sie auch in ehemalige Spechthöhlen.

Der (Lock-)Ruf ist sehr charakteristisch und mit keinem anderen Vogelruf zu verwechseln. Er hört sich an wie „TZI-GÜRR-TZI-TZI-GÜRR", wobei das „ÜRRR" schön rrrollt. Meist werden Sie diesen Vogel eher hören als sehen.

Da die Haubenmeise vorwiegend in Nadelbäumen zu Hause ist, wobei sie geschlossene Gruppen dieser Bäume vorzieht, ist sie leider im Hamburger Innenstadtbereich höchstens einmal ausnahmsweise zu sehen. In erster Linie lebt sie in Kiefern- oder Fichtenwäldern, die sie z.B. in den Harburger Bergen findet.

Kap. 4
Rabenvögel etc.

Hier: Haubenmeise

Eine Haubenmeise in der Hand eines Beringers. Wie schön die feine Struktur der zarten Federn zu erkennen ist!

**Kap. 4
Rabenvögel etc.**

Hier: Haubenmeise

*Ist die Haubenmeise
nicht allerliebst?
Auch im Winter
verlässt sie uns nicht.*

Feldlerche (Alauda arvensis) (1.100 Rev.) (Z.)

E Skylark F Alouette des champs I Allodola NL Veldleeuwerik
PL Skowronek R Полевой жаворонок

„Arvensis" bezieht sich auf Acker, Feld. Diesen Begriff finden wir
in dem französischen, niederländischen und russischen Namen
wieder, da sie ausschließlich auf dem Boden brütet z. B. auf
Äckern und Wiesen. Die englische Bezeichnung bezieht sich auf
den Himmel, dort, wo sie teilweise stundenlang singt.

Als Bodenbrüter ist sie entsprechend gut getarnt: Ihre Haupt-
farbe ist erdgrau. Häufig stellt sie ihre Scheitelfedern zu einem
kleinen gerundeten Schopf auf, was man für eine Art Haube
halten könnte. Aber Vorsicht: Wenn der Vogel nicht singt und
Sie diesen Schopf erkennen, glauben Sie nicht, dass Sie eine der
letzten Hamburger Haubenlerchen gesehen hätten! Die Haube
bei dieser ist deutlich größer und spitzer. Und außerdem hat die
Haubenlerche die Hansestadt verlassen: Zum letzten Mal wurde
sie hier vor etwa fünf Jahren nachgewiesen.

So unscheinbar das Gefieder ist, desto bewundernswerter
ist der lang andauernde Fluggesang der Feldlerche, der unermüdlich zwischen Sonnenaufgang und Sonnenuntergang vorgetragen wird. Dieser Singflug dauert in der Regel zwei bis
drei Minuten. Bisweilen dauert er deutlich länger. Ja, und es
gibt gelegentlich sogar Feldlerchen, die sich problemlos für
die „Vogelgesang-Olympiade" mit einer Gesangsdauer von bis
zu einer Stunde qualifizieren könnten. Es ist ein unverkennba-
rer Gesangsfluss von trillernden und jubilierenden, ein wahrer
Erguss von wirbelnden und hohen Tönen.

Was den Lerchengesang so bemerkenswert macht, ist, dass er
nicht selten bei widrigem Wetter vorgetragen wird. Ich erinnere
mich an Situationen wie folgt: Nieselwetter, alles grau in grau,
absolute Trostlosigkeit … und plötzlich steigt eine Feldlerche in
die Luft, mutig, unbeeindruckt vom Regen und tiriliert unverdrossen, lang anhaltend. Da geht einem das Herz auf.

Beim Gesang legt dieser Vogel häufig noch eine kleine „Per-
formance" hin: Das Männchen fliegt singend empor und singt
im Rütteln, geht dann flatternd und singend in ziemlicher Höhe
auf und nieder, webt auch manchmal eine Nachahmung einer

anderen Vogelstimme ein, lässt sich langsam abwärtsgleiten und stürzt die letzten Meter stumm wie ein Stein zu Boden.

Gelegentlich singt die Feldlerche auch vom Boden aus – aber niemals sitzt sie singend auf Bäumen.

Betrüblicherweise schrumpft der Bestand der Feldlerche und mit ihr vieler anderer Wiesenvögel in ganz Deutschland. Der NABU macht dafür den Landschaftswandel verantwortlich. Kurz gesagt: Früher erfreuten Weiden und Wiesen das Auge und boten vielen Tieren Lebensraum. Heute starren uns dafür oft monotone Maisäcker an.

In Hamburg können wir diesen fleißigen und sympathischen Sänger dort hören und beobachten, wo es noch Grün- und Ackerland gibt wie etwa im Neuland, an der Alten Süderelbe, im Höltigbaum und in weiten Teilen der Vier- und Marschlande.

Zum Schluss bietet uns Heinz Erhardt noch eine gute Hilfe zur korrekten deutschen Rechtschreibung an:

**Kap. 4
Rabenvögel etc.**

Hier: Feldlerche

*Man hört die Lerche mit Gesang hoch in die Lüfte steigen,
jedoch nur die mit „e" – die mit „ä" bleiben stehen und schweigen.*

Äußerlich macht die Feldlerche nicht viel her. Allerdings macht sie ihr unscheinbares Aussehen durch einen hervorragenden und ausdauernden Gesang mehr als wett.

Schwalben

Die beiden mit Abstand häufigsten Schwalbenarten in Hamburg sind Mehl- und Rauchschwalben.

Mehlschwalbe (Delichon urbicom) (2.700 Rev.) (Z.)

E House martin F Hirondelle de fenêtre I Balestruccio NL Huiszwaluw PL Jaskółka oknówka R Городская ласточка

In dem lateinischen „urbs" kommt zum Ausdruck, dass diese Schwalbe auch in der Stadt zu Hause ist. Im Russischen heißt die wörtliche Übersetzung sogar „Stadtschwalbe". In den anderen Sprachen steckt der Hinweis, dass die Mehlschwalbe am Haus oder direkt am Fenster brütet.

Mehlschwalbe bei der Fütterung. Sie zeigt uns sehr schön ihre weiße Kehle und den weißen Bürzel. Die aus Lehm gefertigten Nester sind bis auf ein kleines Loch geschlossen. Die Nester der Rauchschwalbe sind völlig anders. Siehe Seite 129.

Die Mehlschwalbe hat im Deutschen in diesem Fall eine sehr treffende Benennung, denn die gesamte Unterseite von der Kehle bis zur Schwanzwurzel ist rein weiß. Sogar die Beine und vor allem der Bürzel sind weiß, was bei ihrem Flug ein hervorragendes Kennzeichen ist. Damit ist diese Schwalbe der einzige europäische Singvogel, der an den genannten Stellen so viel Weiß „wie Mehl" zu bieten hat.

Sie brütet in Kolonien und ist geselliger als die Rauchschwalbe. Sehr einfach sind die Nester dieser beiden Schwalbenarten zu unterscheiden: Die Mehlschwalbe baut ein geschlossenes Schlammnest mit einem runden oder ovalen oberen Einflugloch fast immer außen an die Häuser unter Dachrinnen, Dachrändern, Gesimsen, Fensternischen oder Toreinfahrten.

**Kap. 4
Rabenvögel etc.**

Hier: Mehlschwalbe

In Hamburg besteht die einzigartige Gelegenheit, Mehlschwalben an ihren Nestern mitten in der Innenstadt und aus nächster Nähe zu beobachten. Im Bereich Jungfernstieg, Gänsemarkt, Poststraße bis hin zum Hotel Steigenberger sind bei der alljährlichen Nester-Kartierung gut einhundert Nester festgestellt worden, wobei die etwa zwanzig Nester in den Alsterarkaden am bekanntesten sind. Die Mehlschwalben rufen ein zwitscherndes „TSCHRITT", wenn sie ihre Nester anfliegen.

Natürlich kommt diese Schwalbe auch außerhalb der Innenstadt vor wie z.B. im Elbtal vom Alten Land über Wilhelmsburg bis hinein in die Vier- und Marschlande.

Die Nester werden bevorzugt in der Nähe von Gewässern angelegt, da hier ein reiches Nahrungsangebot von Insekten besteht. Außerdem wird hier und in Regenpfützen Schlamm für den Nestbau gefunden.

Aber wo finden nun unsere Innenstadt-Mehlschwalben ihr Material für den Nestbau? Raten Sie mal! Falls Sie diese Preisfrage (leider ohne Preis!) nicht lösen können, finden Sie die Lösung unten auf der Seite 215.

Rauchschwalbe (Hirundo rustica) (2.100 Rev.) (Z.)

E Swallow F Hirondelle rustique (Hirondelle de cheminée) I Rondine NL Boerenzwaluw PL Jaskółka dymówka R Деревенская ласточка (Ласточка-касатка)

Das lateinische „rustica" = bäuerlich deutet schon an, dass diese Schwalbe mehr in ländlichen Gebieten zu Hause ist. Sehr schön ist auch die holländische Bezeichnung „Boerenzwaluw" = Bauernschwalbe.

„Rauch-" und das französische „cheminée" beziehen sich darauf, dass diese Schwalben früher gern in Schornsteinen nisteten, als diese noch eine andere Bauart hatten. Heutzutage brüten Rauchschwalben vornehmlich in Ställen, Haus- oder Toreingängen. Daher kam es auch zu einem anderen Namen: Stallschwalbe.

Die Zweitbezeichnung im Russischen heißt übersetzt so viel wie „Schwalben-Schätzchen / -Liebste".

Kennzeichnend sind die langen Schwanzspieße. Die Oberseite ist glänzend dunkelblau. Die Stirn und Kehle sind rotbraun.

Der Flug ist anmutig und schnell dahinschießend. Dabei rufen die Rauchschwalben häufig ein ein- oder zweisilbiges „WITT". Gern lassen sie sich auf einer Telefonleitung zum Singen nieder. Dann kann man ihrem angenehmen, sanften, ununterbrochenen Zwitschern lauschen, das mit einem Schnärren beendet wird.

Dieses Gezwitscher inspirierte den Dichter und „Erbauungsschriftsteller" Georg Christian Dieffenbach sicherlich zu seinem populären Lied:

Im Flug sind bei der Rauchschwalbe deutlich die langen Schwanzspieße, die braunrote Stirn, das dunkelblaue Kropfband und die weiße Unterseite zu erkennen.

*Frau Schwalbe ist 'ne Schwätzerin,
sie schwatzt den ganzen Tag,
sie plaudert mit der Nachbarin …*

Außerhalb der Brutzeit sind auch diese Schwalben gesellig. Während der Zugzeit versammeln sie sich in größeren Trupps und übernachten dann gern im Schilf. Sie sind übrigens Langstreckenzieher und verbringen den Winter südlich der Sahara.

Einst beobachtete ich im afrikanischen Simbabwe einen großen Trupp völlig entkräfteter Rauchschwalben, die auf ihrem Zug gen Süden in einen Regensturm geraten waren: Sie klammerten sich durchnässt und völlig erschöpft an die Zweige einiger Bäume, so dass ich dachte, sie würden jeden Moment auf die Erde fallen.

Das Nest aus Stroh und Erde ist eine oben offene Halb- oder Viertelkugel. In Hamburgs Innenstadt und im Hafengebiet hat die Mehlschwalbe die absolute „Lufthoheit". Die Rauchschwalbe ist hier so gut wie nie zu sehen.

Vornehmlich ist sie in landwirtschaftlich geprägten Gebieten verbreitet wie z. B. in den Vier- und Marschlanden.

**Kap. 4
Rabenvögel etc.**

Hier: Rauchschwalbe

*Oben:
Meist brüten Rauchschwalben in Scheunen oder geschlossenen Räumen mit Einflugsmöglichkeiten. Aber hier wählte eine Rauchschwalbe für ihr Nest schlau einen halbdunklen Torweg mit einer speziellen und sehr komfortablen Eisenkonstruktion als An- und Ausruhesitz.*

*Unten:
Vier Schnäbel sind zu stopfen. Eine Fliege wird gerade zum Mittagessen gereicht. Und was sagen Sie zu der „Kamikaze-Fliege" auf dem Bauch der Schwalbe?*

Laubsänger

Laubsänger sind kleine, zarte und im Aussehen unauffällige Vögel, die hauptsächlich in Laubbäumen leben. Wir bemerken sie häufig erst dann, wenn sie singen.

Zilpzalp (Weidenlaubsänger) (Phylloscopus collybita) (17.000 Rev.) (Z.)

E Chiffchaff F Pouillot véloce I Luí piccolo NL Tjiftjaf
PL Pierwiosnek R Пеночка-теньковка

Eine wörtliche Übersetzung des griechisch-lateinischen Namens würde lauten „Blattwächter-Geldwechsler".

Wahrscheinlich wird hier auf den Vorgang des Zählens von Geldstücken Bezug genommen, wenn jedes einzelne Geldstück auf den Tisch gezählt wird. Die entsprechenden monotonen Geräusche erinnern an den einfachen lautmalerischen Gesang des Zilpzalps. Früher nannte man ihn auch „DILM-DELM".

Auf jeden Fall hat sich der Name Zilpzalp durchgesetzt gemäß seinem einfachen Lied: „ZILP-ZALP-ZILP-ZALP", wobei die erste Silbe etwas höher ist als die zweite. Dieser eintönige Gesang wird fleißig längere Zeit vorgetragen, gelegentlich wird ein sehr leises, gedämpftes „TRT-TRT" eingeschoben. Häufiger lässt er auch ein sanftes, sehr feines „HUIID" ertönen.

Dieses sympathische Vögelchen hat für mich eine besondere Bedeutung. Zum einen kündigt es mir mit seinem Gesang an, dass der Frühling vor der Tür steht, wenn er gegen Mitte März aus dem Winterquartier zurückkehrt.

Zum anderen hat der Zilpzalp ganz wesentlich dazu beigetragen, dass ich mich schon als Junge für Ornithologie interes-

Äußerlich ist der Zilpzalp kaum von dem sehr ähnlichen Fitis zu unterscheiden, es sei denn auf Grund der Beinfarbe: Der Zilpzalp hat dunkle, während der Fitis helle Beine hat. Der Gesang beider Laubsänger ist hingegen völlig unterschiedlich.

sierte. Das kam so: Ich mag 14 Jahre alt gewesen sein, als ich auf einem mittelgroßen Baum vor Planten un Blomen einen Gesang hörte. Ich schaute in den Baum, bemerkte einen kleinen und zarten Vogel. Sein Gefieder war eher unscheinbar: die Oberseite schwach grünoliv, die Unterseite grau-weißlich mit leicht gelblichem Anflug.

**Kap. 4
Rabenvögel etc.**

Hier: Zilpzalp

Dieser kleine Vogel trug ununterbrochen sein einfaches Lied vor und hüpfte auf den Ästen immer weiter nach unten, bis er nur zwei Meter über meinem Kopf sang. Ich war schwer beeindruckt. Es kam mir vor, als ob mir der Vogel zuriefe: *„Schau her, bin ich nicht niedlich und interessant? Willst du mich nicht näher kennenlernen?"* Ja, ich wollte!

Zu Hause konsultierte ich sogleich das Knaurs Konversationslexikon. Auf der Seite „Vögel in Deutschland" gab es etwa 15 Vogelabbildungen. In meiner Naivität glaube ich, dass damit alle Vogelarten erfasst seien. Der einzige Vogel, dessen Abbildung in etwa „meinem" Vögelchen entsprach, war die Gartengrasmücke.

Einige Tage später nahm mich ein Schulkamerad mit zu einer Führung *„Was singt denn da?"* auf dem Ohlsdorfer Friedhof. Plötzlich sang „mein" Vögelchen. Der Vogelführer, Herr Rohweder, fragte die Gruppe: *„Na, was singt denn da gerade?"* Ich trompetete mit stolzgeschwellter Brust: *„Eine Gartengrasmücke!"* Es traf mich ein vernichtender und völlig verständnisloser Blick von Herrn Rohweder, der mit leichter Verachtung bemerkte: *„Gartengrasmücke! Wie kann man nur auf so eine Idee kommen! Es ist der einfache und unverwechselbare Gesang des Zilpzalps."*

Am liebsten wäre ich im Boden versunken. Aber dieser Misserfolg stachelte meinen Ehrgeiz an und motivierte mich dermaßen, dass ich dachte: *„Dem werde ich es zeigen!"* Fortan ging ich regelmäßig zu diesen Vogelführungen vom Deutschen Bund für Vogelschutz (heute NABU) und prägte mir die Vogelgesänge ein, bis ich eines Tages selbst Vogelführungen durchführen konnte.

Danke, Zilpzalp!

Dieser Laubsänger ist in Hamburg flächendeckend vertreten. Er kommt auch in weiten Teilen des inneren Stadtgebietes vor, und zwar überall dort, wo es Bäume, Kraut und Sträucher gibt. Er nistet dicht über dem Boden in der Kraut- oder niedrigen Strauchschicht.

Fitis (Phylloscopus trochilus) (4.200 Rev.) (Z.)

E Willow warbler F Pouillot fitis I Luí grosso NL Fitis
PL Piecuszek R Пеночка-весничка

Der Name ist lautmalerisch zu verstehen, denn der Gesang ist hell, leise, eher zart, fast lispelnd.

Äußerlich ist der Fitis vom Zilpzalp kaum zu unterscheiden. Meist ist er geringfügig gelblicher und hat helle Füße im Gegensatz zu den dunklen Füßen des Zilpzalps. Zur Unterscheidung

Hier hat der Fitis eine leckere Libelle für seine Jungen gefangen. Gut zu erkennen: die hellen Beine – beim Zilpzalp sind die Beine meist dunkel.

müssen wir uns an die Gesänge halten, denn diese sind völlig unterschiedlich.

Der Fitisgesang ist eine feine, etwas schwermütige Tonfolge, die mit hohen Tönen beginnt, dann abfallend und etwas langsamer wird. Am Ende hat man den Eindruck, dass der Vogel keine Kraft oder Luft mehr für den weiteren Gesang hat.

Wir Jugendliche nannten den Fitis deswegen „Asthma-Vogel". Diese in Hamburg zweithäufigste Laubsängerart kommt deutlich seltener als der Zilpzalp vor. Gern hält sich der Fitis in Birkenmooren, jungen Wäldern, an Waldrändern und auf mit einigen Bäumen bestandenen Stadtbrachen auf.

**Kap. 4
Rabenvögel etc.**

Hier: Fitis

Von der Seite und aus der Nähe betrachtet zeigt sich der Fitis als ein kleines zartes Vögelchen.

Rohrsänger

Der Name Rohrsänger bezieht sich auf das Röhricht, in dem die meisten Rohrsänger leben. Der Sumpfrohrsänger ist allerdings nicht so sehr an Röhricht gebunden. Er kommt auch in Gebüschen und Getreidefeldern vor.

Mit 2.300 Revieren ist der Sumpfrohrsänger in Hamburg zwar häufiger vertreten als der Teichrohrsänger. Da er jedoch sein Hauptverbreitungsgebiet im Elbtal hat und im erweiterten Innenstadtbereich praktisch nicht vorkommt, stelle ich Ihnen hier nur den Teichrohrsänger vor.

Teichrohrsänger (Acrocephalus scirpaceus) (1.350 Rev.) (Z.)

E Reed warbler F Rousserolle effarvatte I Cannaiola NL Kleine karekiet PL Trzcinniczek R Тростниковая камышовка

Wie bei allen Rohrsängern wird man auf ihn am ehesten durch den Gesang aufmerksam, da er überwiegend versteckt im Röhricht oder Schilf lebt. Dort erscheint er gelegentlich auf den Spitzen der Pflanzen. Ein kleiner unscheinbarer Vogel mit einfarbig brauner Oberseite, weißlich grauer Unterseite.

Viel häufiger werden Sie den Vogel hören als sehen. Sein Gesang setzt sich aus zwei- oder dreisilbigen Motiven zusammen wie „KARRE-KARRE-KIET-KIET" (vergl. den holländischen Namen) oder „TIRI-TIRI-TIRI, TSCHÄRR-TSCHÄRR-TSCHÄRR", die ständig wiederholt werden. Nicht selten singt er auch nachts.

In Hamburg ist der Teichrohrsänger ein Charaktervogel in den Schilfgebieten des Elbtals. Aber erfreulicherweise kann er auch an der Außenalster gut gehört werden. Um die Außenalster herum dürfte es zwei bis vier Reviere geben. Auf der Westseite der Außenalster zwischen der Alten Rabenstraße und der Krugkoppelbrücke höre ich im Schilf jedes Jahr mindestens zwei singende Männchen.

Der Teichrohrsänger singt nicht nur im Schilf, sondern baut dort auch sein Nest kunstvoll zwischen dessen Halmen meistens etwa einen halben Meter über dem Wasserspiegel.

**Kap. 4
Rabenvögel etc.**

Hier: Rohrsänger

Der Teichrohrsänger ist bestens an seinen Lebensraum Schilf angepasst. Schauen Sie nur, mit welcher Leichtigkeit er sich auf dem Schilfrohr festhält – und dabei kann er noch ziemlich kräftig singen.

Grasmücken

Grasmücken sind weder Mücken noch leben sie im Gras. Hier kommt es darauf an, das Wort an der richtigen Stelle zu trennen, nämlich in Gra-smücke. „Gra" steht im Mittelhochdeutschen für grau und „smücke" heißt so viel wie Ducker, schlüpfender Vogel. Frei übersetzt kann man Gra-smücken bezeichnen als „graue, ziemlich unscheinbare Vögel, die vornehmlich im Gebüsch verborgen leben".

Mönchsgrasmücke (Sylvia atricapilla) (12.400 Rev.) (Z.)

E Blackcap F Fauvette à tête noire I Capinera NL Zwartkop
PL Kapturka R Славка-черноголовка

Das lateinische „atricapilla" kann mit „Schwarzscheitel" übersetzt werden. In allen obigen Sprachen wird darauf Bezug genommen, denn die männliche Mönchsgrasmücke – von Ornithologen kurz Mönch genannt – hat eine schwarze Kopfplatte. Nebenbei bemerkt handelt es sich hier eindeutig um eine Diskriminierung

Die männliche Mönchsgrasmücke sitzt in einem Sanddornbusch. Vielleicht denkt sie gerade daran, dass sie jetzt im Herbst noch viele Sanddornfrüchte fressen muss, um genügend Fettreserven für den Flug nach Süden aufzubauen.

der weiblichen Vögel: Sie tragen keine schwarze, sondern eine rotbraune Kappe. Die Kappe ist ein eindeutiges Charakteristikum bei beiden Geschlechtern. Ansonsten ist die Oberseite bei beiden gräulich braun, die Unterseite hellgrau.

Wenngleich das Äußere des Mönchs nicht besonders hervorzuheben ist, so ist es der Gesang umso mehr: Er beginnt mit einem leisen, abwechslungsreichen Zwitschern, das man als „Vorgesang" bezeichnet, gefolgt von einem melodischen Geplauder, das mit einer laut flötenden Schluss-Strophe, dem sogenannten Überschlag endet. Es ist wegen der schönen flötenden Töne ein ausgesprochen hübscher und angenehmer Gesang.

Man kann ihn eigentlich nur mit dem Gesang der Gartengrasmücke verwechseln, der jedoch länger anhält, einem leichten Geplapper ähnelt und weder die hohen Flötentöne der Mönchsgrasmücke noch deren klare Schlusstöne enthält.

Als Jugendliche nannten wir den Gartengrasmückengesang immer eine „Gardinenpredigt". Wenn Sie im Innenstadtbereich einen schönen Grasmückengesang hören, können Sie mit größter Wahrscheinlichkeit davon ausgehen, dass Ihnen eine Mönchsgrasmücke etwas vorsingt.

**Kap. 4
Rabenvögel etc.**

Hier: Mönchsgrasmücken

Gelegentlich wird man auch durch den Ruf „TÄCK-TÄCK", der bei Alarm rau und mehrfach schnell wiederholt wird, auf den Mönch aufmerksam.

In Hamburg hat der Bestand der Mönchsgrasmücke in den vergangenen 20 Jahren kontinuierlich zugenommen, so dass wir sie als „Allerwelts-Singvogel" bezeichnen können. Da sie sich gern in Sträuchern, dichtem Gebüsch und Unterholz aufhält, erstreckt sich ihr Vorkommen praktisch auf das gesamte Stadtgebiet, nämlich überall dort, wo dieser Bewuchs anzutreffen ist.

Klappergrasmücke (Sylvia curruca) (2.400 Rev.) (Z.)

E Lesser whitethroat F Fauvette babillarde I Bigiarella
NL Braamsluiper PL Piegża R Славка-завирушка

Dieser Vogel trägt weitere Namen: Zaungrasmücke und Müllerchen. Die Oberseite dieser Grasmücke ist graubraun, der Oberkopf lichtgrau, die Ohren und Wangen sind mit einem dunklen Fleck bedeckt, die Kehle ist weiß, die Unterseite grauweiß.
Wie bei den anderen Grasmücken kommt es auch hier besonders auf den Gesang an. Dieser ist unverwechselbar. Auf ein leises Gezwitscher folgt ein lautes, unmelodisches hölzernes Klappern auf **einem** Ton. Daher rühren die Namen Klappergrasmücke und Müllerchen. (Sie erinnern sich: *„Es klappert die Mühle am rauschenden Bach …"*)

Manchmal wird das zwitschernde Vorgeplänkel auch weggelassen, so dass der Vogel sofort mit dem „DA-DA-DA-DA"-Klappern beginnt.

In Hamburg ist die Mönchsgrasmücke zwar rund fünfmal so häufig wie die Klappergrasmücke. Aber auch die Klappergrasmücke hat den Vorteil, dass sie in Vorgärten, Grünanlagen und sogar im Innenstadtbereich beobachtet werden kann, sofern genügend dichte und niedrige Sträucher vorhanden sind. So klappert sie munter u. a. im Alten Botanischen Garten, Planten un Blomen, Alstervorland, Isebekkanal.

Da die Gartengras- und Dorngrasmücke so gut wie nie im Innenstadtbereich gesichtet werden, stelle ich diese beiden Arten hier nicht vor.

**Kap. 4
Rabenvögel etc.**

**Hier:
Klappergrasmücke**

Die grauweiße Kehle ist ein Kennzeichen der Klappergrasmücke. Die viel seltenere Dorngrasmücke hat auch eine ähnliche Kehlfärbung, ist jedoch mit einem auffälligen Rostbraun auf den Flügeln ausgestattet.

5 Wintergoldhähnchen, Kleiber, Gartenbaumläufer, Zaunkönig, Star, Drosseln, Fliegenschnäpper, Rotkehlchen, Nachtigall, Blaukehlchen

Wintergoldhähnchen (Regulus regulus) (1.600 Rev.)

E Goldcrest F Roitelet huppé I Regolo NL Goudhaantje PL Mysikrólik R Желтоголовый Королек

Im Lateinischen ist Rex der König und Regulus der „kleine König". Die Krone ist in diesem Fall ein leuchtend gelber, schwarz begrenzter Scheitel. In mehreren Namen der obigen Sprachen wird auf den gelben Scheitel hingewiesen. Up Platt: „Goldkammke".

Im Gegensatz zu einem weit verbreiteten (Irr-)Glauben ist nicht der Zaunkönig, sondern das Goldhähnchen der kleinste europäische Vogel. Es wiegt nur fünf bis sieben Gramm. Diesen winzigen Vogel werden Sie wahrscheinlich eher hören als sehen. Wenn Sie ihn jedoch zu Gesicht bekommen, dann werden Ihnen die sehr geringe Größe, die rundliche Gestalt und der oben erwähnte Kopfscheitel auffallen. Wie der Name besagt, ist dieser Vogel auch im Winter bei uns zu Hause. Dann streift er mit Meisengruppen umher.

Seine häufigste Stimmäußerung ist ein hohes, spitzes, meist dreisilbiges „SIH-SIH-SIH". Der Gesang ist ein wispernder, sechsmal gereihter Doppelton auf „SIH", der mit einem kurzen Zwitschern endet. Allerdings haben ältere Menschen häufig Schwierigkeiten, Rufe und Gesang wegen ihrer hohen Tonlage zu hören.

Da sich die Wintergoldhähnchen vornehmlich hoch in Fichtenspitzen aufhalten, sind sie in Hamburg vor allem in Nadelwaldgebieten anzutreffen. Sie können sie jedoch auch im Stadtpark oder auf dem Ohlsdorfer Friedhof beobachten.

Kap. 5 Wintergoldhähnchen etc. Hier: Wintergoldhähnchen

Goldhähnchen sind die kleinsten Vögel Europas. Auf einer Kartoffel-Rose hat der Winzling eine Fliege erbeutet.

Kleiber (Sitta europaea) (1.800 Rev.)

E Nuthatch F Sittelle torchepot I Piccchio muratore NL Boomklever PL Kowalik R Обыкновенный поползень

Der Kleiber, auch Spechtmeise genannt, ist in mehrfacher Hinsicht ein äußerst interessanter Vogel:

Sein Name geht auf „Kleber" zurück. Häufig verengt der „Kleber" nämlich den Eingang der Nisthöhle auf das für ihn notwendige Mindestmaß, indem er feuchte Erde oder Lehm anklebt. Das geschieht auch durchaus manchmal bei Nistkästen, wenn ihm die Öffnung zu groß erscheint. Dieser Kletterkünstler ist als einzige Vogelart in der Lage, auf den Bäumen mit dem Kopf nach unten zu klettern bzw. zu rennen.

Außerdem ist dieser sperlingsgroße Vogel ein hübsches Kerlchen. Die Oberseite ist graublau, durch das Auge zieht sich ein schwarzer Strich, Kehle und Wangen sind hell, die Unterseite ist hellrostfarben. Sein Schwanz ist kurz, der Schnabel spitz und keilförmig.

Besonders hervorzuheben ist auch seine Stimmfreudigkeit. Seinen lauten, oft wiederholten und weitschallenden Ruf „WÜIT-WÜIT-WÜIT" kann man fast zu allen Jahreszeiten vernehmen.

Ebenso klar und durchdringend sind sein trillerndes „VIVI-VIVIVIVI" und sein „TWIT", das er auch manches Mal wiederholt.

„Jawoll, ich bin der einzige Vogel, der Bäume mit dem Kopf nach unten hinunterlaufen kann. Außerdem kann ich noch Latein und verweise auf das Foto ‚Quod erat demonstrandum'. Na bitte."

Gern hält sich der Kleiber in Waldgebieten oder in Parks auf. Besonders liebt er Baumarten mit rissiger Rinde wie z. B. Eichen oder Berg-Ahorn. In Hamburg sind daher die Harburger Berge und die Walddörfer vom Kleiber am dichtesten besiedelt.

Erfreulicherweise kommt er auch vereinzelt in innenstadtnahen Bereichen vor wie im Alten Botanischen Garten, zwischen der Alsterchaussee, Harvestehuder Weg und Johnsallee und Kellinghusen-Park.

**Kap. 5
Wintergoldhähnchen etc.
Hier: Kleiber**

Gartenbaumläufer
(Certhia brachydactyla) (2.600 Rev.)

E Short-toed treecreeper F Grimpereau des jardins I Rampichino NL Boomkruiper PL Pełzacz ogrodowy R Короткопалая пищуха

Der wissenschaftliche Name „Certhia" leitet sich von „kérthios" ab, dem griechischen Namen für „einen sehr kleinen Vogel, der an Bäumen lebt und eine feine Stimme hat". „Brachydactyla", ebenfalls griechisch = „mit kurzen Zehen", spielt auf die kleine Hinterzehe ab. Sie ist wichtig im Vergleich zu dem viel selteneren Waldbaumläufer, der eine größere Hinterzehe besitzt.

Dieses kleine, zierliche und lebhafte Vögelchen kann nicht wie der Kleiber mit dem Kopf nach unten die Bäume hinabklettern. Seine Spezialität ist das spiralige, ruckweise Rutschen an Baumstämmen, und zwar von unten nach oben. Mit etwas Glück sehen Sie vielleicht einmal, wie der Gartenbaumläufer von einem Baum an den unteren Teil des nächsten Baums fliegt und diesen dann langsam nach oben hochklettert. Dabei durchsucht er mit seinem leicht gekrümmten Schnabel die kleinen Löcher, Spalten und Ritzen nach Insekten.

Der Gartenbaumläufer ist leicht zu bestimmen: oben graubraun mit weißen Längsstreifen und Punkten, unten gräulich weiß und dazu der erwähnte gebogene Schnabel. Irgendwie macht dieser Vogel einen mäuschenartigen Eindruck.

Auch die Stimme ist fein und hoch. Ein relativ kräftiges, hohes „TIT" wird einzeln oder in einer Reihe vorgetragen. Gelegentlich gibt der Gartenbaumläufer auch ein „SRRIEH" von sich. Den Gesang kann man in etwa beschreiben mit „SSIT, SSIT, ZE-ZÍ-DE-DRÍZIE". Dabei bedeuten die mit einem Akzent versehenen Buchstaben einen höheren Ton, der wie ein Überschlag klingt.

Sein kleines Nest findet oft hinter abstehender bzw. losgeplatzter Baumrinde Platz genug. Manchmal wird es auch in Bretterzäunen, Mauerwerk, Holzhaufen oder unter Dachschindeln gebaut.

**Kap. 5
Wintergoldhähnchen etc.
Hier:
Gartenbaumläufer**

Der putzige Gartenbaumläufer huscht fast mausartig die Bäume von unten nach oben hoch.

Ich freue mich immer, wenn ich diesen Vogel sogar an den Bäumen in der Hamburger Innenstadt hören oder beobachten kann wie z. B. im Alten Botanischen Garten, Gustav-Mahler-Park, Hallerstraße oder am Isebekkanal.

Zaunkönig (Troglodytes troglodytes)
(18.400 Rev.)

E Wren F Troglodyte mignon I Scricciolo NL Winterkoning PL Strzyżyk R Крапивник

Ein Zaunkönig trägt seinen schmetternden Gesang vor. Häufig zittert sein ganzer Körper dabei vor Anstrengung.

Das griechische „Troglodytes" bedeutet so viel wie „Höhlenbewohner" und bezieht sich offenbar auf das kugelförmige Nest, das man als selbstgebaute Höhle ansehen kann.

Und wieso König? Eine mögliche Interpretation könnte sein, dass dieser kleine Vogel sehr selbstbewusst auftritt. Häufig sitzt er aufrecht, hat den Schwanz hochgestellt und schmettert seinen lauten Gesang – für alle in seiner Umgebung bestens vernehmlich und keinesfalls zu überhören nach dem Motto: „Hallo! **Ich** bin es!"

Der Zaunkönig ist unverkennbar: Er ist der zweitkleinste Vogel Europas. **Sie** wissen ja schon, dass der kleinste das Goldhähnchen ist. Der Zaunkönig ist rundlich-kugelig, die Oberseite ist rostbraun, seine Unterseite hellbräunlich mit dunkler Querbänderung, sein Schwanz wie erwähnt meist aufgestellt.

Gern hält sich der Zaunkönig in Bodennähe in dichter Vegetation auf, in Reisighaufen, an alten Mauern oder in efeubestandenen Wänden. Er ist ein lebhaftes Vögelchen, das sich ruhelos, geschickt huschend und fast mausartig fortbewegt.

Meist fällt er durch seinen lauten und schmetternden Gesang auf. Es ist eine sehr hohe Strophe mit Trillern, die ohne Pause vorgetragen wird. Es überrascht, wie ungemein tonstark der Gesang für die geringe Größe dieses Vogels ist. Schaut man ihm beim Gesang zu, so sieht man ihm die Anstrengung an, denn meist vibriert der ganze Körper. Da der Zaunkönig kein Zugvogel ist, hört man ihn dann und wann auch im Winter oder Vorfrühling singen.

Häufig lässt er seine „ZERR"-Rufe vernehmen oder ein lautes, zeterndes „ZÄCK-ZÄCK-ZÄCK".

Erstaunlich ist auch sein Nestbau. Es ist ein solide gebautes Kugelnest mit seitlicher Öffnung. Darüber hinaus legt er auch sogenannte Spielnester an, die jedoch im Gegensatz zu dem Hauptnest nicht ausgepolstert sind.

In Hamburg ist der Zaunkönig einer unserer häufigsten Singvögel. Er benötigt dichtes Gebüsch und liebt einen etwas feuchten Untergrund. Somit kommt er auch im innerstädtischen Bereich vor, wo diese Voraussetzungen gegeben sind.

Kap. 5
Wintergoldhähnchen etc.
Hier: Zaunkönig

Star (Sturnus vulgaris) (11.600 Rev.) (Z.)

E Starling F Étourneau sansonnet I Storno NL Spreeuw
PL Szpak R Обыкновенный скворец

Aus einiger Entfernung betrachtet, macht der Star einen blauschwarzen Eindruck. Sieht man ihn jedoch aus der Nähe, so erkennt man bei den Altvögeln das hübsche bronzegrüne, purpurfarbene glänzende Gefieder. Er ist einer der hübschesten Singvögel Hamburgs. Die Jungvögel dagegen sind im Gesamtton braungrau.

Von fern könnte man einen auf dem Rasen Nahrung suchenden Star eventuell für eine Amsel halten. Es bestehen jedoch eindeutige Unterschiede: Die Amsel ist langschwänziger und hüpft, der kurzschwänzige Star dagegen trippelt etwas ruckartig, wobei er oft mit dem Kopf nickt. Beim schnellen, geradlinigen (Weg-)Flug sind seine dreieckigen Flügel kennzeichnend.

Ein häufig zu hörender Ruf ist ein abfallendes, raues „SPREEN", den man auch als „STOÄR" wiedergeben kann. Sein Gesang ist äußerst vielseitig: Er bildet eine Kette von schmatzenden, schnatternden, knarrenden und pfeifenden Lauten, die mit Imitationen anderer Tier-, insbesondere Vogelstimmen vermischt werden. Der Gesang wird gern von einem exponierten Platz vorgetragen wie z. B. vor dem Nistkasten, von einem Baum oder Dachfirst.

Nach der Brutzeit und im Herbst erscheint der Star in riesigen Schwärmen, sei es, um auf einem gemeinsamen Schlafplatz einzufallen oder – und das sei nicht verheimlicht – sich auf einem Weinberg an den Trauben gütlich zu halten. Zum Leidwesen der Obstbauern munden ihm auch z. B. Kirschen vorzüglich …

In Hamburg ist der Star weit verbreitet. Wir treffen ihn auch im Innenstadtbereich an. Leider ist sein Bestand in den letzten ein bis zwei Jahrzehnten aus bisher unerklärlichen Gründen deutlich zurückgegangen.

Diese ziemlich erwachsenen Jungstare, sprich „Halbstarke", sind bereits kräftig getüpfelt, aber noch nicht voll ausgefärbt.

**Kap. 5
Wintergoldhähnchen
etc.
Hier: Star**

*Oben:
Der Flug der Stare ist gradlinig und schnell. Hier erkennt man deutlich die dreieckig spitzen Flügel. Eine kleine Delikatesse: Der Vogel oben rechts ist ein Rosenstar, der sich äußerst selten, aus Südosteuropa kommend, nach Mitteleuropa verirrt.*

*Mitte:
In den ersten Wochen sind die jungen Stare graubraun. Bald werden sie braun gesprenkelt sein. Altvogel: 3. v. r.*

*Unten:
„Unser" Star ist schon ein hübscher Vogel. In Afrika gibt es jedoch eine ganze Reihe von Glanzstaren (Glossy starlings), mit deren Farbenpracht er kaum mithalten kann. Hier ein Königsglanzstar, der in ostafrikanischen Ländern beheimatet ist.*

Kap. 5
Wintergoldhähnchen etc.
Hier: Star

Hier scheint der Star vor seinem Nistkasten eher zu schimpfen, als zu singen. Wenn die Sonne auf sein Federkleid fiele, würde der hübsche violette und bronzegrüne Gefiederglanz noch deutlicher hervortreten.

Drosseln

Die Hamburger Drosselfamilie umfasst vier Arten als Brutvögel: Amsel, Singdrossel, Misteldrossel und Wacholderdrossel. Daran erkennen wir schon, dass das hübsche und viel gesungene Kinderlied „Amsel, Drossel, Fink und Star" aus ornithologischer Sicht keine „korrekte Linie" vertritt. Die Amsel ist nämlich eine Drosselart, was sich auch aus dem zweiten Namen „Schwarzdrossel" erschließt.

Amsel (Schwarzdrossel) (Turdus merula) (68.000 Rev.!)

E Blackbird F Merle noir I Merlo NL Merel PL Kos R Черный дрозд

Die Amsel dürfte bei uns die bekannteste Singvogelart sein. Die Männchen sind ganz schwarz mit leuchtend gelborangefarbigem Schnabel. Diese hübsche Schnabelfärbung bekommen sie allerdings erst ab Januar des zweiten Kalenderjahres. Als Jungvogel haben sie einen schwarzen Schnabel und sind leicht gefleckt. Die Weibchen sind dunkelbraun und an der Kehle sowie Brust etwas heller.

Ein hübscher geschlechtsreifer Amselhahn aus der Nähe. Sogar der Augenring ist zu erkennen.

Ihr Stimmrepertoire ist recht vielfältig. So hat sie z. B. allein fünf verschiedene Warnrufe je nachdem, ob es sich um Feinde aus der Luft, auf dem Baum oder auf der Erde handelt.

Häufige Rufe sind ein dumpfes „DACK-DACK-DACK", bei Erregung ein schrilles „TICK-TICK-TICK", und, wenn die Amsel aufgejagt wird, ein schrilles Zetern. Auch ein ängstliches „TSCHUK" sowie ein dünnes „SRIE" lässt sie oft vernehmen.

Deutlich interessanter ist ihr schöner, volltönender Flötengesang. Er wird oft feierlich laut und melodisch vorgetragen. Einem ersten Teil von fast jodelnden Flötentönen folgt ein eher zwitschernder zweiter Teil.

**Kap. 5
Wintergoldhähnchen
etc.
Hier: Amsel**

Bei klarem, sonnigem Wetter singt die Amsel schon ab Februar, was für viele Menschen als Zeichen für den nahenden Frühling gilt. Der Amselgesang kann als einer der besten Vogelgesänge angesehen werden.

Eigentlich kann er lediglich mit dem Gesang der Misteldrossel verwechselt werden. Die Amsel singt jedoch fließender und deutlich abwechslungsreicher als die Misteldrossel.

In Hamburg ist die Amsel mit 68.000 Revieren die häufigste Brutvogelart. Das liegt u. a. daran, dass sie im Jahr bis zu vier Bruten haben kann. Nicht selten sieht man Rasenstücke, auf denen fünf bis zehn Amseln gleichzeitig nach Nahrung suchen.

Bemerkenswert ist der Verstädterungsprozess dieses Vogels. Vor 100 Jahren war die Amsel auch hier ein Waldbewohner. Menschen aus dem russischen St. Petersburg z. B. kennen auch heutzutage die Amseln lediglich als eher scheuen Waldvogel und sind völlig überrascht, wenn sie die vielen Amseln bei uns munter und wenig scheu im Stadtgebiet sehen. In den städtischen Parks von St. Petersburg brüten dagegen reichlich Wacholderdrosseln, was wiederum für uns ungewöhnlich ist.

Verglichen mit 1980 hat sich der Amselbestand in der Hansestadt um fast ein Drittel erhöht. In den letzten 20 Jahren scheint sich der Bestand stabilisiert zu haben, er scheint eher etwas zurückzugehen.

In den Jahren 2011 und 2012 waren etliche Meldungen in der Presse zu lesen über den aus Afrika stammenden Usutu-Virus. Nach Schätzungen des NABU starben 2011 in der Bundesrepublik 300.000 Amseln an diesem Virus, der sich vor allem in den südlichen Bundesländern ausgebreitet hatte.

Singdrossel (Turdus philomelos) (5.100 Rev.) (Z.)

E Song thrush F Grive musicienne I Tordo bottaccio NL Zanglijster PL Drozd śpiewak R Певчий дрозд

Sehr hübsch und durchaus zutreffend ist der griechische Name „philomelos" = Freund des Liedes. Der Bezug zur Musik oder zum Singen findet sich zu Recht auch in den meisten der obigen Sprachen wieder.

Die Singdrossel ist etwas kleiner als die Amsel, aber deutlich von ihr unterschieden. Ihre Oberseite einschließlich Schwanz ist einfarbig braun, die Unterseite gelblich weiß mit braunschwarzen Flecken, die unteren Flügeldecken sind leicht gelblich, etwas rahmfarben, was am ehesten beim Auffliegen des Vogels auffällt.

Allerdings kann man sie leicht mit der Misteldrossel verwechseln. Vorab so viel: Im Januar erzählte mir eine Nachbarin, sie hätte soeben zwei Singdrosseln gesehen. Das konnte ich nun gleich ausschließen, denn die Singdrossel ist ein Zugvogel, während die Misteldrossel gelegentlich ein Standvogel ist, der den Winter bei uns verbringt. Im nächsten Kapitel „Misteldrossel" werden Sie die wichtigsten Merkmale dieser Drossel finden.

Der Gesang der Singdrossel ist dagegen unverwechselbar: Sie macht ihrem Namen Ehre, denn sie kann unverdrossen über eine längere Zeit laut und kräftig ihre Strophen schmettern. Im Taschenbuch der deutschen Vogelwelt von S. Pfeifer wird der Gesang m. E. sehr treffend wie folgt beschrieben: „*Der feurige Gesang besteht aus rhythmisch abgesetzten vielfach variierten Tonreihen, etwa ‚WIJO, WIJO, WIJO, DJAKUTT, DJAKUTT, DIDIJO, DIDIJO, DIDIJO, DIDIJIO, DADÜ-DO, DADÜDO, DADÜDO'*" usw. Wie Sie erkennen, werden die wechselreichen Motive zwei- bis viermal wiederholt, übrigens manchmal sogar bis zu sechsmal. Im Gesang, der mit Überzeugung und Verve normalerweise von der Spitze eines Baumes vorgetragen wird, ist eine Vielzahl von Motiven enthalten. Besonders begabte Sänger-Männchen verfügen im Extremfall über ein Repertoire von bis zu einhundert Motiven. Singdrosseln singen übrigens auch gern in der Abenddämmerung.

In Hamburg kommt die Singdrossel fast flächendeckend vor. Relativ nah zum Stadtinneren brütet sie z. B. auf dem Ohlsdorfer

Kap. 5
Wintergoldhähnchen etc.
Hier: Singdrossel

Eine Singdrossel zeigt uns stolz ihre gefleckte Brust.

Friedhof, im Stadtpark, Eppendorfer Park oder Wohlers Park. Da kleine Gehäuseschnecken einen wichtigen Teil ihrer Nahrung ausmachen, zerschlägt die Singdrossel in einer sogenannten Drosselschmiede auf einem Stein die Gehäuse, um dann den Schnecken-Weichkörper zu fressen. Treffen Sie also auf eine Drosselschmiede, so befinden Sie sich höchstwahrscheinlich in einem Singdrosselrevier.

Nach meinen Beobachtungen ist der Bestand der Singdrossel z.B. im Bezirk Eimsbüttel erheblich zurückgegangen. In einem Gebiet zwischen Mittelweg, Innocentia-Park, Hallerstraße gab es früher mehrere brütende Singdrosseln. Heutzutage sind Singdrosseln hier praktisch verschwunden und durch mehrere Paare Misteldrosseln „ersetzt" worden. Letztere sind möglicherweise durch ihre Größe auch robuster.

Die Singdrossel ist merklich scheuer als die Amsel. Sie benötigt mehr Schutz und Unterschlupfmöglichkeiten wie z.B. dichtes Unterholz. Auch für diese Vogelart ist es fatal, dass in Hamburg neuerdings eine unglaublich umfangreiche „Entbüschung" und Entfernung von Sträuchern stattfindet. Dieser unsinnigen „Entgrünung", also der Vernichtung des Stadtgrüns, sollte schnellstens Einhalt geboten werden!

Misteldrossel (Turdus viscivorus) (1.300 Rev.)

E Mistle thrush F Grive draine I Tordela NL Grote lijster PL Paszkot R Деряба

Auf der lateinischen Benennung, die frei übersetzt „Drossel-Mistelfresser" heißt, basieren die deutschen und englischen Namensgebungen. Allerdings frisst diese Drossel nicht nur Misteln, denn dann wäre sie in Hamburg schon wegen Mistelmangel ausgestorben, sondern auch andere Beeren sowie Insekten, Schnecken oder Würmer.

Mit einer Körperlänge von fast 28 Zentimetern ist die Misteldrossel die größte in Europa brütende Drossel. Ihre Oberseite einschließlich Schwanz ist graubraun, die Unterseite dicht gefleckt. Im Unterschied zu der sehr ähnlichen Singdrossel macht sie einen schwereren Eindruck und steht gern aufrecht mit erhobenem Kopf. Im Flug zeigt sie Grauweiß unter den Flügeln. Bei der Landung sieht man oft die kennzeichnenden grauweißen Spitzen auf den äußeren Schwanzfedern. Beim Auffliegen und im Flug lässt sie häufig ein lautes Schnarren „TRRRR" hören.

Während die Misteldrossel im Aussehen eher mit der Singdrossel zu verwechseln ist, so ist beim Gesang eine gewisse Ähnlichkeit mit dem der Amsel gegeben. Der Misteldrosselgesang ist hingegen feierlich, leicht melancholisch, viel abgehackter mit geringeren Tonhöhenunterschieden und weniger

Typisch ist die häufig aufrechte Haltung der Misteldrossel. Wenn Sie die Brustfleckung zwischen Sing- und Misteldrossel vergleichen, werden Sie feine Unterschiede feststellen können.

Kap. 5
Wintergoldhähnchen
etc.
Hier: Misteldrossel

Misteldrosseln bauen ihre Nester überwiegend in Astgabeln. Hier ein Nest in einer Platane, in neun Meter Höhe, in der Parkanlage Grindelberg/ Grindelhochhäuser

abwechslungsreich als der Amselgesang. Es sind kurze flötende Strophen mit längeren Pausen. Die Misteldrossel singt auch bei schlechtem Wetter, wobei sie gern auf den höchsten Baumwipfeln sitzt.

Ihre Nistgewohnheiten weichen von denen der Amsel und Singdrossel ab. Sie brütet meist höher und bevorzugt kahle Astgabeln. Ich habe schon Misteldrosselnester in Astgabeln von Eichen, Linden, Kastanien und Platanen gefunden.

Als Jugendlicher lernte ich die Misteldrossel als ziemlich scheuen Waldbewohner kennen. Ab Anfang der 1980er Jahre fand ich dann zunehmend Nester in Citynähe, und zwar im Innocentia-Park, Mittelweg, in der Parkanlage Grindelberg (Grindelhochhäuser), im Gustav-Mahler-Park oder in der Altonaer Max-Brauer-Allee. Im Hamburger Stadtgebiet ist also eine deutliche Verstädterung und eine Zunahme des Misteldrosselbestandes festzustellen.

Wacholderdrossel (Turdus pilaris) (70 Rev.)

E Fieldfare F Grive litorne I Cesena NL Kramsvogel PL Kwiczoł
R Рябинник

Diese große Drossel frisst nicht nur Wacholderbeeren, sondern
auch Beeren anderer Art. Im Holländischen hat sich der Name
Kramsvogel erhalten, der sofort an die deutsche Benennung
„Krammetsvogel" denken lässt. Früher wurde diese Drossel zu
Tausenden gejagt und verspeist. In manchen älteren Büchern
wird der Krammetsvogel als beliebte Delikatesse erwähnt.

Gekennzeichnet ist sie durch ihren grauen Hinterkopf und
Bürzel sowie durch dunkle, kastanienbraune Flügeldecken. Das
Schwanzende ist schwarz, die Vorderseite gefleckt.

Auffällig ist ihr lauter Ruf „TSCHACK-TSCHACK-
TSCHACK". Der Gesang ist unbedeutend, schwätzend und
zwitschernd. Er wird häufig im Flug vorgetragen.

Das Brutgebiet der Wacholderdrossel hat sich in Europa in
den letzten 150 Jahren langsam immer weiter nach Westen ausge-
dehnt. In Hamburg brütet sie erst seit Mitte der 1960er Jahre. Seit
den 1980er Jahren geht ihr Bestand in der Hansestadt deutlich
zurück, so dass heutzutage mit spärlichen 70 Revieren gerechnet wird. Schwerpunktmäßig finden die Bruten im Alten Land
statt, und zwar meist in Pappeln, in denen sie in kleinen Kolonien brütet.

Hamburg ist auf deutschem Gebiet die nördliche Verbrei-
tungsgrenze für die Wacholderdrosseln. Somit muss mit starken
Bestandsschwankungen gerechnet werden.

Als Brutvogel hat diese Drossel in Hamburg nur eine geringe
Bedeutung. Als Wintergast spielt sie jedoch eine wichtige Rolle.
Häufig durchstreifen im Winter kleinere und größere Trupps die
Hamburger Region. Es sind Gäste aus Nord- oder Osteuropa auf
der Suche nach Beeren oder Äpfeln.

**Kap. 5
Wintergoldhähnchen etc.
Hier:
Wacholderdrossel**

Im Winter sind in der Parkanlage Grindelberg oft Trupps von Wacholderdrosseln auf Nahrungssuche, denn durch die dortige unterirdische Fernheizung werden manche Rasenflächen schnell vom Schnee befreit.

„Sie wollen gern meinen Rücken mit den typischen Merkmalen sehen? Na bitte, nichts dagegen." Sehr kooperativ zeigt sich diese Wacholderdrossel: Ihren aschgrauen Hinterkopf und Bürzel sowie den braunen Rücken hat sie hervorragend in Pose gesetzt.

(Fliegen-)Schnäpper

Als Jugendliche lernten wir noch „Fliegenschnäpper". Da sie nicht nur Fliegen, sondern auch andere Insekten fangen, sind ihre Namen vereinfacht worden. Die beiden einzigen erwähnenswerten Arten in Hamburg sind der Grauschnäpper (ehemals Grauer Fliegenschnäpper) und der Trauerschnäpper (ehemals Trauerfliegenschnäpper).

Grauschnäpper (Muscicapa striata) (1.500 Rev.) (Z.)

E Spotted flycatcher F Gobemouche gris I Pigliamosche NL Grauwe vliegenvanger PL Muchołówka szara R Серая мухоловка

Im Gegensatz zum Deutschen ist das Wort „Fliege" im Lateinischen (musca) und in den meisten obigen Sprachen erhalten geblieben. „Striata" = gestreift bezieht sich auf die leicht gestreifte, etwas fleckige Brust.

Der Grauschnäpper ist ein fast haussperlingsgroßer, sehr unauffälliger Vogel. Der Rücken ist grau, die Unterseite schmutzig weißgrau, fein gestrichelt.

Er fällt am meisten durch sein Flugverhalten auf: Er schnappt Insekten, indem er von einer bestimmten Warte aus wie z.B. einem dürren Ast, Pfosten oder Leitungsdraht plötzlich in die Luft flattert und dann in der Regel wieder auf den gleichen Platz oder direkt daneben zurückfliegt. Er zuckt häufig mit den Flügeln oder dem Schwanz. Auf dem Boden ist er so gut wie nie zu beobachten.

Nicht nur sein Aussehen, auch seine Stimmäußerungen sind unauffällig. Ein scharfes „PSST" oder eine feines „TSSIEHT" sind von ihm am häufigsten zu hören. Der „Gesang" besteht aus wenigen dünnen, zirpenden Lauten.

Ein Grauschnäpper auf seiner Sitzwarte in typischer aufrechter Haltung. Bescheiden wartet er auf umherfliegende Insekten. Er präsentiert seine graue, fein gestrichelte Brust.

Kap. 5
Wintergoldhähnchen etc.
Hier:
(Fliegen-)Schnäpper

Gern nistet er in oder an Gebäuden, auf überspringenden Balken, in Halbhöhlen oder hinter Schlinggewächsen.

In Hamburg ist er nicht selten in größeren Wäldern, im Alten Land und in den Vier- und Marschlanden zu finden. Im erweiterten Innenstadtbereich existieren leider nur einzelne Vorkommen. Vor einigen Jahren beobachtete ich ihn z. B. im Kaifu-Bad am Isebekkanal. In den letzten zwei Jahren sah ich ihn dort nicht mehr. Wenngleich dieses bescheidene Vögelchen sicherlich leicht zu übersehen ist, so ist doch festzustellen, dass sein Bestand in Hamburg merklich geschrumpft ist.

Kurz erwähnt sei noch der **Trauerschnäpper** (Ficedula hypoleuca) (Z.). Um ihn ist es in der Tat traurig bestellt. In Hamburg rechnet man nur noch mit etwa 400 Revieren. Im Innenstadtbereich werden Sie ihn nicht beobachten können. In den letzten 10 Jahren ist bedauerlicherweise ein starker Rückgang zu verzeichnen, der jedoch nicht nur in Hamburg, sondern in ganz Nordwesteuropa festzustellen ist. Als Langstreckenzieher, der den Winter im tropischen Afrika verbringt, ist er besonders gefährdet. Der Klimawandel macht ihm wahrscheinlich zusätzlich zu schaffen.

Oben:
Ein seltener Schnappschuss: Auf einem Zaun sitzen ein Grauschnäpper (links) und ein Trauerschnäpper (rechts) zusammen. Typisches Merkmal beim Trauerschnäpper ist der weiße Bezirk im Flügel. Manche männliche Trauerschnäpper sind überwiegend schwarz-weiß.

Unten:
Im vollen Kontrast zum unscheinbaren Grauschnäpper stehen die diversen Paradiesschnäpper auf anderen Kontinenten. Diese können ganz schwarz, weiß oder rotbraun sein und zeichnen sich durch extrem lange Schwänze aus. Hier ein Madagaskar-Schnäpper.

Rotkehlchen (Erithacus rubecula) (12.000 Rev.)

E Robin F Rouge-gorge familier I Pettirosso NL Roodborst
PL Rudzik R Зарянка или малиновка

Das lateinische „rubecula" = rote Kehle findet sich in den meisten Vogelnamen obiger Sprachen wieder.

Die Kehle, Brust und das Gesicht der erwachsenen Vögel sind orangerot, die Oberseite olivbraun. Die Jungvögel haben im ersten Jahr noch keine rote Brust. Sie sind dunkelbraun mit Flecken. Auffällig sind auch die relativ großen dunklen Augen. In sitzender Stellung hängen die Flügel ein wenig. Die Bewegungen sind huschend.

Oben: eines der fünf „Vorgarten-Rotkehlchen" in der Hallerstraße.

Unten: Dieses Rotkehlchen ist so etwas wie ein „Teenager": ein schon ziemlich erwachsener, aber noch nicht voll ausgefärbter Jungvogel

Rotkehlchen sind bei den Menschen wegen ihres Aussehens, des zutraulichen Verhaltens und des Gesangs sehr beliebt.

Der hübsche Gesang ist in den meisten Monaten des Jahres zu hören, und zwar häufig abends und gelegentlich auch nachts. Als Jugendliche lehrte man uns, dass der Gesang großenteils perlend ist. Er ist eine wechselnde, leicht schwermütige Weise, mit hohen Tönen beginnend, auf die kurze, absinkende, trillernd-perlende Motive, gemischt mit wohltönenden Pfeiftönen, folgen. Zwischendurch gibt es kleine Pausen. Es heißt, dass diese „Pausen" gefüllt sind mit sehr hohen Tönen, die das menschliche Ohr nicht mehr wahrnehmen kann.

Außerdem ruft das Rotkehlchen scharf „ZICK", das häufig sehr schnell wiederholt und als „Schnickern" bezeichnet wird. Auch ein langgezogenes „TSIIIHT" ist häufig zu vernehmen.

Das Rotkehlchen bewohnt gern – aber nicht nur – größere Wälder. Es lebt in dichten Strauchschichten. Wo diese vorhanden sind, kommt auch das Rotkehlchen vor.

In Hamburg ist es weit verbreitet. Wir können es in Gärten und Grünanlagen im erweiterten Innenstadtbereich überall beobachten. In der viel befahrenen Hallerstraße z.B. hörte ich im Frühjahr 2012 auf einer Strecke von ca. 700 Metern in den Vor- bzw. Hintergärten mindestens fünf singende Rotkehlchen- männchen.

Kap. 5
Wintergoldhähnchen etc.
Hier: Rotkehlchen

„Hey, ich bin schöner und wichtiger als der Trauerkloß dahinten", scheint das vorwitzige Rotkehlchen im Vordergrund zu meinen. – „Der Trauerkloß dahinten" ist übrigens ein Hausrotschwanz.

Sensation! Eine Rarität! Das größte Rotkehlchen Hamburgs (ca. 1 Meter). Ich konnte es monatelang beobachten, es flog nicht fort, äußerst geringe Fluchtdistanz …
Leider nur ein Einzelexemplar – und das auf einer Hauswand in der Max-Brauer-Allee Nr. 261

Nachtigall (Luscinia megarhynchos) (370 Rev.) (Z.)

E Nightingale F Rossignol philomèle I Usignolo NL Nachtegaal PL Słowik rdzawy R Южный соловей

In einem Vogelbuch darf die Nachtigall natürlich nicht fehlen, gilt ihr Gesang doch als der schönste aller einheimischen Singvögel.

Das griechische „megarhynchos" kann als „Groß-Schnabel" frei übersetzt werden, wobei hier nicht direkt auf die Größe des Schnabels, sondern auf seine große Gesangsleistung angespielt wird. In dem französischen Namen finden wir mit „philomèle" die Bedeutung „Freund des Liedes" wieder.

Nachtigallen leben versteckt und sind schwer zu sehen. Das Äußere des Vogels ist unscheinbar. Der Gesamteindruck ist braungrau, wobei die Unterseite ein deutlich helleres Braungrau zeigt. Relativ auffällig ist der rostbraune Schwanz, den man besonders beim (Auf-)Fliegen des Vogels gut erkennen kann.

Die Nachtigall zeigt uns ihre rötlich braunen Flügeldecken und andeutungsweise den rotbraunen Schwanz. Aber was erwartet man von einer Nachtigall? Kein prächtiges Aussehen, sondern dass sie singt natürlich. Und das tut diese – und wie!

So ist der hohe Bekanntheitsgrad der Nachtigall vor allem auf ihren besonders abwechslungsreichen Gesang zurückzuführen. Ihm wird in zahlreichen Theaterstücken, Gedichten und Redewendungen große Hochachtung gezollt.

Bereits bei Shakespeare hieß es in Romeo und Julia: „Es war die Nachtigall und nicht die Lerche." Bekannte Redewendungen sind „Wat den eenen sin Ul, is den annern sin Nachtigall" oder berlinerisch: „Nachtigall, ik hör dir trapsen."

In Theodor Storms Gedicht „Die Nachtigall" wird dem Gesang gar eine gewaltige Kraft zugesprochen: „… *Da sind von ihrem süßen Schall/Da sind in Hall und Widerhall/Die Rosen aufgesprungen.*"

Zum Gesang zunächst eine Vorbemerkung:

Er wird keineswegs nur nachts vorgetragen, sondern lässt sich durchaus auch häufig tagsüber vernehmen. Also „Nacht- und Tag-igall"? Bitte schön, warum nicht? Der Gesang zeichnet sich dadurch aus, dass er merklich abwechslungsreicher und lautstärker ist als bei anderen Singvögeln. Er umfasst sanfte, laut flötende Töne gepaart mit harten Schlägen und geschmetterten Strophen. Eine Besonderheit ist auch das prächtige Crescendo. Typisch ist ferner die langsam gezogene und anschwellende „DJÜ – DJÜ – DJÜ"- Strophe. Darauf folgt häufig das kräftige „Schlagen". Gern bringt die Nachtigall auch ein volltönendes „TSCHUK-TSCHUK-TSCHUK".

**Kap. 5
Wintergoldhähnchen etc.
Hier: Nachtigall**

Das Lied hat keine durchgehende Melodie. Es ist eher aus Einzelstücken zusammengesetzt, die immer mal wieder abrupt unterbrochen werden. Meist wird der Gesang aus dichter Gebüsch- oder Unterholzdeckung vorgetragen und nicht von hoher Warte auf Bäumen.

In Hamburg kommt die Nachtigall vor allem in der Boberger Niederung, im Elbtal, in den Vier- und Marschlanden sowie in der Oberalsterniederung vor.

Vor wenigen Jahrzehnten gab es auf dem Ohlsdorfer Friedhof bei der Kapelle 13 ein stabiles Vorkommen. Leider wurden dort wie auch in vielen anderen Hamburger Grünanlagen unsinnigerweise umfangreiche Gebüsch- und Unterholzentfernungen vorgenommen, so dass die Lebensräume der Nachtigall zerstört wurden.

Im innerstädtischen Bereich werden Sie der Nachtigall leider nicht lauschen können. Allerdings kommt es gelegentlich vor, dass sich unverpaarte Männchen mehrere Tage oder Wochen an etwas ungewöhnlichen Orten aufhalten und dort auch singen wie z. B. vor einiger Zeit in Planten un Blomen in der Nähe des Japanischen Gartens oder an der Außenalster bei der Krugkoppelbrücke.

Noch ein Tipp: Das vor den Toren Hamburgs liegende Geesthacht mit seinen fünfzig Paaren Nachtigallen bezeichnet sich gern als „Nachtigallenstadt". Auf einem Spaziergang im Mai entlang des Elbufers zwischen dem Pumpspeicherwerk und dem Freibad werden Sie mit ziemlicher Sicherheit dem Gesang der Nachtigall lauschen können.

Blaukehlchen (Luscinia svecica) (140 Rev.) (Z.)

E Bluethroat F Gorge-bleue à miroir I Pettazzurro NL Blauw-borst PL Podróżniczek R Варакушка

Mit 140 Revieren in Hamburg gehört das Blaukehlchen nicht gerade zu den 77 häufigsten Arten. Ich habe es an dieser Stelle eingeschmuggelt, um Ihnen das Foto dieses hübschen Vogels zeigen zu können. Außerdem ist beim Blaukehlchen erfreulicher-weise eine deutliche Zunahme des Bestandes zu verzeichnen.

Das Blaukehlchen ist etwa so groß wie ein Rotkehlchen. Die Männchen zeichnen sich durch eine leuchtend blaue Kehle mit einem weißen Fleck aus. Daher müssten wir es genau genommen als „Weißsterniges Blaukehlchen" oder „Weißsternblaukehlchen" bezeichnen. Da in unseren Breitengraden das Blaukehlchen mit dem roten „Stern" (Fleck) nicht vorkommt, wird es hier verkürzt Blaukehlchen genannt.

Die Unterseite dieses Vogels ist grauweiß, die Oberseite braungrau, die Schwanzwurzel ist kastanienbraun, was beim Abstreichen gut zu erkennen ist. Ein wichtiges Merkmal ist der deutliche weiße Überaugenstreif.

Die Bewegungen sind ähnlich wie die des Rotkehlchens, aber mit häufigem Aufstellen und Spreizen des Schwanzes. Bevor-zugte Aufenthaltsorte sind sumpfige Dickichte, Schilf, Ufer-gebüsch, Gräben und zunehmend Rapsfelder.

Der Gesang ist eher leise und abwechslungsreich mit hasti-gen, fein klingenden Tönen. Er enthält viele Nachahmungen, bei denen fast immer Grillengezirpe und der Lockruf der Rauch-schwalbe eingeflochten werden. Er beginnt meist mit einem langsamen, „TIP – TIP – TIP". Darauf folgen Triller, zischende und schnurrende Laute. Ein echter „Gesangs-Mischmasch". Ein häufig gehörter Ruf ist ein „FIED-TACK". Insgesamt kann man ihn als wohltönend bezeichnen.

Im „Brutvogelatlas Stadt Emden" wird ausgeführt, dass dem Blaukehlchen der schöne Gesang den Beinamen „Ostfriesische Nachtigall" eingebracht hat. An derselben Stelle heißt es, dass in Emden der Blaukehlchen-Bestand in drei Jahrzehnten um das Zehnfache auf sagenhafte fast 400 Brutpaare gestiegen ist!

Kap. 5
Wintergoldhähnchen etc.
Hier: Blaukehlchen

Das hübsche, wenn auch seltene (Weißsternige) Blaukehlchen bietet uns gerade eine Gesangsprobe aus seinem reichen Repertoire.

Nachtigall und Blaukehlchen haben beide den wissenschaftlichen Namen „Luscinia". Wenn Geesthacht als „Nachtigallenstadt" bezeichnet wird, so kann sich Emden mit Fug und Recht „Blaukehlchenstadt" nennen.

In Hamburg konzentriert sich das Vorkommen auf das Elbtal und die Boberger Niederung. Einzelne Paare finden sich in Neuallermöhe, im Duvenstedter Brook und im Himmelmoor.

Eine vergleichsweise hohe Dichte wird in der Hamburger Umgebung erreicht, und zwar insbesondere in der Winsener Marsch sowie in der Haseldorfer Marsch.

6 Rotschwänze, Heckenbraunelle, Sperlinge, Bachstelze, Finken, Kernbeißer, Dompfaff, Stieglitz

Rotschwänze

Hausrotschwanz (Phoenicurus ochruros) (2.200 Rev.) (Z.)

E Black redstart F Rouge-queue noir I Codirosso spazzacamino NL Zwarte roodstaart PL Kopciuszek R Горихвостка-чернушка

Das griechische Phoenicurus bedeutet wörtlich Rotschwanz.

Die männlichen Hausrotschwänze sind dunkelaschgrau mit rußschwarzem Kinn und Brust. Bei einigen Exemplaren ist auch der Rücken rußschwarz. Die Flügel ziert ein grauweißer Spiegel. Die Weibchen sind unauffällig düstergrau.

Beide Geschlechter haben einen rostroten Bürzel und einen rostroten Schwanz, der ständig zittert. Der Vogel fällt durch knicksende und schwanzwippende Bewegungen auf.

Dieser männliche Hausrotschwanz ist etwas nervös und schaut misstrauisch. Der Grund: Sein Nest mit drei Jungen befindet sich ganz in der Nähe …

Kap. 6
Rotschwänze etc.

Hier:
Hausrotschwanz

… und hier ist es, das Hausrotschwanznest mit den drei Jungvögeln.

Der typische Gesang ist leicht zu erkennen: Er beginnt mit einigen dünnen Pfeiftönen, dann folgt eine angestrengte gequetschte Strophe. Gern sitzt er beim Singen in oberen Bereichen wie Dachfirste, Hausdächer oder Antennen.

Er nistet in Mauerlöchern, überdacht stehenden Balken, unter Dachgesimsen oder auch in Nistkästen.

In Hamburg ist der Hausrotschwanz weit verbreitet. Ein Schwerpunkt ist der Hamburger Hafen. Aber auch in der City kommt er vor wie z.B. an der Neuen Post. 2012 beobachtete ich ein Männchen, das direkt über dem lärmenden Autoverkehr im Neuen Wall von einem Draht aus seinen Gesang vortrug.

Zwischen 1950 und Ende der 1960er Jahre war dieser Vogel in Hamburg allgegenwärtig, da er in den Hausruinen ideale Brutmöglichkeiten fand. Seit meiner Jugendzeit ist mir aus der Nachbarschaft in der Hallerstraße sein gepresster Gesang vertraut.

„Nun sagen Sie mal ganz objektiv. Bin ich nicht ein hübsches Gartenrotschwanzmännchen?" Der Autor antwortet: „Ja". Und wie ist Ihre Meinung?

Gartenrotschwanz (Phoenicurus phoenicurus) (1.500 Rev.) (Z.)

E Redstart F Rouge-queue à front blanc I Codirosso
NL Gekraagde roodstaart PL Pleszka R Обыкновенная горихвостка (-лысушка)

Die Männchen des Gartenrotschwanzes sind ausgesprochen hübsche Vögel: Das leuchtend weiße Stirnband kontrastiert sehr schön mit der schwarzen Kehle. Die Unterseite ist rostrot. Typisch ist die aufrechte Haltung und der in regelmäßigen Abständen vibrierende Schwanz. Das Weibchen ist dem weiblichen Hausrotschwanz sehr ähnlich, hat aber eine helle Kehle und einen beigefarbenen Bauch, der auch leicht rötlich getönt sein kann.

Der kurze Gesang ist etwas schwermütig und wird in der Regel durch ein „TÜITT" eingeleitet, auf das ein gefälliges Klingeln auf „ÜI-ÜI-ÜI" folgt. Häufig hört man den charakteristischen Lockruf „FÜID – TICK-TICK".

In Hamburg bestehen höhere Dichten nur im Alten Land, Vier- und Marschlanden, Wilhelmsburg, Duvenstedter Brook und Höltigbaum. Im Innenstadtbereich trifft man ihn so gut wie nie an – leider!

Insgesamt ist der Bestand dieses hübschen Halbhöhlenbrüters nicht nur in Hamburg rückläufig. Der „Garten"-Rotschwanz liebt Nutzgärten, sprich richtige Gärten und nicht die immer weiter verbreiteten Ziergärten. Er ist eben anspruchsvoll und liebt eine abwechslungsreiche Umgebung. Auch Obstwiesen sind ihm sehr willkommen. 2011 wurde der Gartenrotschwanz zum „Vogel des Jahres" gekürt, denn er wird seltener bei uns. Er braucht Hilfe in den Gärten und vorzugsweise u.a. auch Halbhöhlen-Nistkästen.

Er hat im Jahr zwar meist 2 Bruten. Aber nur jeder fünfte Jungvogel überlebt das erste Jahr. Hinzu kommt, dass dieser Vogel jedes Jahr bis zu 8.000 Kilometer weit nach Afrika hinein zurücklegt, um dort zu überwintern.

**Kap. 6
Rotschwänze etc.**

**Hier:
Gartenrotschwanz**

*Zwischen diesem Eichhörnchen (E) und dem Autor (A) entspann sich im Alten Botanischen Garten folgender Dialog:
E: Wat kiekste? Noch nie ein Eichhörnchen gesehen?
A: Doch schon. Aber nicht in dieser Behausung. Die ist nicht für Eichhörnchen gedacht.
E: Ach nee? Für wen denn? Für Sie etwa?
A: Das ist ein Vogelnistkasten – eine sogenannte Halbhöhle.
E: Nie gehört. Und für welchen Halbhöhlenvogel soll die sein?
A: Na z.B. für einen Gartenrotschwanz.
E: Gartenrotschwanz? Hab ich hier nie gesehen. Im Übrigen: Dann hat er Pech gehabt. Wer zu spät kommt, den bestraft das Leben.
Der Autor trollte sich leicht murmelnd: „Ganz possierlich, diese Eichhörnchen, wenn auch frech".*

Heckenbraunelle (Prunella modularis) (14.300 Rev.)

E Dunnock (Hedge sparrow) F Accenteur mouchet I Passera scopaiola NL Heggemus PL Pokrzywnica R Лесная завирушка

Die Heckenbraunelle ist ein unauffälliger, etwa spatzengroßer Gartenvogel. Sicherlich wird sie manches Mal auch für einen Spatzen gehalten. Im Niederländischen heißt sie „mus", was nicht etwa „Maus" bedeutet, sondern Sperling/Spatz.

Die Heckenbraunelle ist hingegen schlanker als der Spatz und hat einen spitzen Insektenfresser-Schnabel. Sie macht einen dunklen Gesamteindruck. Bei näherem Hinsehen erkennt man die blaugraue Kopf- und Brustfärbung. Daher rührt auch der früher gebräuchliche, volkstümliche Zweitname „Bleikehlchen". Männchen und Weibchen sehen gleich aus.

Obwohl die Heckenbraunelle ein weit verbreiteter Singvogel ist, kennen viele Menschen weder ihren Namen noch können sie den Vogel bestimmen. Ja, sie hält sich sehr bescheiden im Hintergrund. Auch ihre Bewegungen sind unauffällig und etwas sperlingsartig, auf der Erde duckt sie sich und huscht mausartig darüber.

Der Gesang ist kurz, nicht sehr laut und hastig. Er ist etwas einfallslos. Am ehesten ist er als ein auf und ab gehendes Klirren zu beschreiben. Als wir Jugendliche die Vogelstimmen lernten, bezeichneten wir den Gesang als „quietschende Kinderkarre".

Meist wird der Gesang von der Spitze eines niedrigen Busches vorgetragen. Überhaupt liebt dieser Vogel Pflanzendickichte und Gebüsch, die ihm Deckung geben. Er fühlt sich in den unteren Bereichen der Vegetation am wohlsten. So baut er sein Nest in Hecken, Büschen und jungen Nadelbäumen – aber nie höher als mannshoch.

In Hamburg ist die Heckenbraunelle mit 14.300 Revieren ein sehr häufiger Singvogel und fast flächendeckend verbreitet. Sicherlich wird sie nicht selten übersehen, vor allem wenn man ihren Gesang nicht kennt oder nicht gezielt auf sie achtet. Auch im Innenstadtbereich trifft man die Heckenbraunelle an in Gärten und Grünanlagen mit Sträuchern und Gebüsch. So besetzen Heckenbraunellen z. B. allein im Alten Botanischen Garten fast ein Dutzend Reviere.

**Kap. 6
Rotschwänze etc.**

**Hier:
Heckenbraunelle**

Eigentlich ist der Name „Bleikehlchen" ganz passend für die Heckenbraunelle. Achten Sie bitte auf den spitzen Insektenfresser-Schnabel und vergleichen Sie diesen Vogel mit den folgenden Fotos der Haussperlinge.

Sperlinge

Haussperling (Passer domesticus) (25.000 Rev.)

E House sparrow F Moineau domestique I Passera europea
NL Huismus PL Wróbel domowy R Домовый воробей

Am lateinischen „domesticus" erkennt man schon die enge Beziehung zwischen Haussperling und den menschlichen Behausungen. Der Hausspatz (Haussperling) ist allgemein bekannt und (fast) ein Weltbürger.

Zahlreiche Ausdrücke und Redewendungen belegen den hohen Bekanntheitsgrad des Hausspatzen:

„Dreckspatz" ist nicht gerade ein Kompliment. Es stammt von der Vorliebe der Spatzen für Staubbäder.

„Lieber den Spatz in der Hand als die Taube auf dem Dach", „Mit Kanonen auf Spatzen schießen" sind ebenso gängige Redewendungen wie „Die Spatzen pfeifen es von den Dächern".

Die Männchen mit ihrem grauen Scheitel, der schwarzen Kehle und dem kastanienbraunen Nacken sind eigentlich ganz schmucke Vögel. Das würde wohl erst bemerkt werden, wenn sie selten wären. Die Weibchen sind überwiegend graubraun ohne besondere Merkmale.

Dieser männliche Hausspatz kroch fast in den Fotoapparat hinein, um Ihnen sein schönes Gefieder ganz aus der Nähe zu zeigen.

Kap. 6
Rotschwänze etc.

Hier: Haussperling

Die Stimmäußerungen beschränken sich im Wesentlichen auf das bekannte Schilpen, das vielfach und etwas variiert wiederholt wird. Wer will, kann es als Gesang bezeichnen. Jedenfalls lohnt es sich nicht, bei den Spatzen lange zu warten, bis sie endlich singen. Da kommt nichts Richtiges!

Die angegebene Revierzahl in Hamburg von 25.000 erscheint mir persönlich etwas zu hoch. In jedem Fall besteht Einigkeit darüber, dass Hausspatzen in Mitteleuropa und auch in Hamburg in den letzten Jahren deutlich weniger geworden sind. In hab, Hamburger Avifaunistische Beiträge, Band 39, von 2012, wird festgehalten, dass das Vorkommen im Hamburger Stadtgebiet „einen beispiellosen Einbruch erlebt hat". Weiterhin heißt es dort: „Auf bestimmten Teilflächen hat diese Art allein in den letzten zehn Jahren mehr als 40 % ihrer Bestände eingebüßt."

Hervorzuheben ist, dass es in Berlin deutlich mehr Hausspatzen als in Hamburg gibt. Liegt es vielleicht daran, dass man dort nicht so viel Boden versiegelt hat? Oder werden in der Hauptstadt nicht so viele Wildkräuter und Grünes vernichtet wie in Hamburg?

Als Trost mag uns dienen, dass wir noch einige Hausspatzen im Zentrum schilpen hören und beobachten können wie z. B. am Jungfernstieg (trotz gnadenloser Versiegelung des Bodens), in den Alsterarkaden oder an der Außenalster beim Anlieger Fährdamm und im bzw. um das Restaurant Cliff.

Links das Männchen (M.) rechts das Weibchen (W.) des Haussperlings:
W.: Alter, warum schilpst du denn so wütig?
M.: Na, eben saßen wir noch auf dem Tisch vom Cliff. Dann hat man uns schnell und ganz unwirsch runtergescheucht.
W.: Spätzelchen, beruhige dich, was hat man denn zu dir gesagt?
M.: Diese Spatzen werden immer dreister!
W.: Echt? Eine Unverschämtheit! Typisch Mensch! Erst pflastern sie überall die Erde zu und neuerdings alle Löcher und Spalten in den Hauswänden, wo wir unsere Nistplätze hatten. Unglaublich, schilp, schilp ...

Feldsperling (Passer montanus) (5.900 Rev.)

E Tree sparrow F Moineau friquet I Passera mattugia NL Ringmus PL Mazurek R Полевой воробей

Im Gegensatz zum Haussperling hat der Feldsperling einen hellschokoladenfarbenen Oberkopf und einen schwarzen Fleck auf der weißen Wange. Weniger auffällig ist der kleine weiße Halsring, der dem Vogel allerdings im Niederländischen den Namen „Ringmus" (Ringsperling) gab. Ein weiterer Unterschied: Beim Feldsperling sehen beide Geschlechter gleich aus.

Die Stimme ist härter als die des Haussperlings. Der Feldsperling schilpt nicht. Bisweilen trägt er eine Art Gesang vor, der aus einem Gemisch von Zwitschern und Pfeiftönen besteht. Charakteristisch ist der Flugruf „TÄCK, TÄCK".

In Hamburg ist der Feldsperling deutlich seltener als der Haussperling. Er ist ein Vogel, der sich in Dörfern, ländlichen Gegenden, Kleingärten und in offenem Gelände wohlfühlt. Dementsprechend werden Sie ihn nicht in der Innenstadt finden. Gern nistet er in Brutkästen und in Baumhöhlen.

Der erheblich seltenere Feldsperling unterscheidet sich durch seine braune Kopfplatte und den schwarzen Fleck auf der grauweißen Wange deutlich vom Haussperling.

Bachstelze (Motacilla alba) (3.000 Rev.) (Z.)

E White wagtail F Bergeronnette grise I Ballerina bianca
NL Witte kwikstaart PL Pliszka siwa R Белая трясогузка

Die lateinische Benennung „Motacilla" bedeutet „Wippschwanz". „Alba" heißt bekanntermaßen weiß. Wenn sie die Bezeichnung „Weiße Bachstelze" irgendwo lesen, so ist genau dieser Vogel gemeint, der nunmehr verkürzt meist Bachstelze genannt wird.

Aus dem Plattdeutschen kommt die nette Bezeichnung „Wippsteert", die gelegentlich auch für Personen – meist Kinder – verwendet wird. Damit ist ein nervöser, hibbeliger Mensch gemeint, der nicht stillsitzen kann. In manchen Gegenden heißt sie „Ackermännchen".

In der Tat sind Bachstelzen graziöse, zierliche Vögel, die sich meist trippelnd, schwanzwippend und mit dem Kopf nickend bewegen. Sie hüpfen nie wie die meisten anderen Singvögel, sondern laufen oder trippeln. Stelzen werden sie genannt, weil sie vergleichsweise lange Beine haben. Nicht zufällig heißt die italienische Bezeichnung übersetzt „weiße Ballerina".

Der Vogel ist unverwechselbar durch sein kontrastreiches schwarz-weißes Gefieder, den langen, meist wippenden Schwanz und sein Gehabe. Gern hält er sich in der Nähe von Wasser auf, wo die Aussicht auf viele Insekten besteht. Wenn er wegfliegt, so geschieht das meist im Bogenflug.

Der häufigste Bachstelzenruf ist ein zweisilbiges „TILIPP". Ein Gesang ist selten zu hören. Er besteht aus etlichen Lockrufen, die zu einem Zwitschern zusammengefügt werden.

Eine Bachstelze in der Nähe des Stephansplatzes im Alten Botanischen Garten

Hinsichtlich des Nistplatzes ist die Bachstelze nicht sehr wählerisch und ausgesprochen flexibel. So nistet sie z.B. in Mauerlöchern, Höhlen, Efeu, unter Brücken – aber auch zwischen Steinen von Uferböschungen und auf dem Boden.

**Kap. 6
Rotschwänze etc.**

Hier: Bachstelze

In der Hansestadt ist die Bachstelze fast flächendeckend vertreten. Sie fehlt nur in großen Waldgebieten. Auch in der erweiterten Innenstadt kommt sie vor – allerdings sehr spärlich. 2012 beobachtete ich ein Exemplar bei der Futtersuche auf dem Rasen im Gustav-Mahler-Park, das mehrfach über die Straße in den Alten Botanischen Garten flog. Einen guten Kilometer davon entfernt in den Wallanlagen sah ich 3 Bachstelzen, von denen eine ein Jungvogel war. Eine Bachstelze beobachtete ich als Frühjahrsboten im zeitigen Frühling 2012 am Teich im Eppendorfer Park.

In eher ländlichen Regionen der Hansestadt sieht man sie durchaus mal auf Dächern – vorzugsweise Reetdächern – herumspazieren, weshalb sie von einigen ornithologischen Scherzkeksen auch als „**D**achstelze" bezeichnet wird …

Hier hatte sich ein Bachstelzenpaar einen etwas ungewöhnlichen Nistplatz ausgesucht, nämlich auf dem Boden eines Vierländer Treibhauses. Da die Angestellten gehalten waren, einen großen Bogen um das Nest zu machen, konnten alle vier Jungvögel problemlos aufgezogen werden.

Zum Vergleich die schöne Gebirgsstelze, die sich im Winter in Hamburg gelegentlich im innerstädtischen Bereich zeigt. Hier z. B. am 27.2.2013 in Planten un Blomen

Finken

Buchfink (Fringilla coelebs) (14.000 Rev.)

E Chaffinch F Pinson des arbres I Fringuello NL Vink PL Zięba
R Зяблик

Das lateinische „Fringilla" heißt frei übersetzt „der Fink".
„Coelebs" bedeutet ehelos, von dem sich übrigens das Wort
„Zölibat" ableitet.

„Ehelos" trifft insofern zu, als Männchen und Weibchen nicht
ständig zusammenleben. Der Rückflug aus dem Winterquartier
geschieht unabhängig voneinander. Die Männchen erscheinen
etwa zwei Wochen vor den Weibchen im Brutgebiet. Dort suchen
sie wohl schon nach einem Revier, das sie durch Gesang anderen Artgenossen gegenüber „markieren". Hinzu kommt, dass
durchaus nicht alle Buchfinken in den Süden ziehen. Bei uns
überwintern vor allem die Männchen. Die Weibchen fliegen in
wärmere Gefilde.

Der Name Fink geht auf den häufigen Ruf des Buchfinken
„PINK" zurück. Im Niederländischen haben wir die gleiche
Namensgebung und übrigens ebenfalls in Schweden, wo er (Bo-)
Fink genannt wird.

Männliche Buchfinken sind sehr hübsch: Scheitel und Nacken
sind blaugrau, die Wangen und Brust bräunlich rosa. Auffallend
sind ferner bei beiden Geschlechtern die doppelte weiße Flügelbinde sowie die beim Flug deutlich erscheinenden weißen
Schwanzkanten. Die Weibchen sind oben olivbraun, unten
blass graubraun. Häufig sieht man Buchfinken auf der Erde bei
der Nahrungssuche. Dabei fallen ihre Trippelschritte und der
nickende Kopf auf.

Auf Grund dieser Merkmale sind Buchfinken leicht zu erken-
nen. Dem Komiker und Dichter Heinz Erhardt gelang es, auf
Grund anderer Kriterien den Buchfinken einwandfrei und
beweiskräftig zu bestimmen. Seine profunden ornithologischen
Kenntnisse hat er ja bereits in den Kapiteln über die Lerche, die
Eule und den Specht zur Genüge bewiesen.

Zum Buchfinken schrieb er:

Der Buchfink

*Ich fand einmal ein Finkennest,
und in demselben lag ein Rest
von einem Kriminalroman.
Nun sieh mal an:
der Fink konnt lesen!
Kein Wunder, es ist ein Buchfink gewesen.*

(Heinz Erhardt)

**Kap. 6
Rotschwänze etc.**

Hier: Buchfink

Bekannt ist der „Finkenschlag". Er bezieht sich auf den schmetternden Gesang des Buchfinken mit dem berühmten Überschlag am Ende. Der Gesang wird im Frühjahr unermüdlich vorgetragen. Er beginnt mit einem hohen Ton, es folgt eine Kaskade von etwa 12 kräftigen, schmetternden Tönen, die mit einem Schnörkel enden. Zu diesem Gesang gibt es zahlreiche Merksätze wie: „Bin ich nicht ein schöner Bräutigam?", „Ich, ich, ich schreib an die Regierung" oder „Hast du denn mein Gretchen nicht gesehn?". Hierbei wird der Überschlag oder Schluss-Schnörkel jeweils durch Bräutigam, Regierung bzw. Gretchen wiedergegeben.

Allerdings fehlt besonders im (Vor-)Frühling zunächst häufig nach der Kaskade noch der Überschlag. Schließlich müssen die Singvögel ihren Gesang nach der stummen Winterzeit jedes Jahr wieder neu einüben. Wenn Sie den kräftigen Gesang ohne den Überschlag hören, so bedeutet das nun keinesfalls, dass Sie eine neue Finkenart entdeckt hätten!

Außer dem Gesang und dem „PINK" ist der Buchfink noch für seinen „Regenruf" bekannt, der sich in etwa mit „HÜIT" oder „WRÜD" beschreiben lässt. Ob nach diesem Ruf tatsächlich Regen fällt, ist mehr als umstritten. Der Autor gibt in dieser Hinsicht keinerlei Garantien ab und nimmt auch z. B. bei auf den Regenruf folgenden Dürren keinerlei Reklamationen entgegen.

In Hamburgs Wäldern ist der Buchfink die häufigste Vogelart. Aber wir finden ihn in erklecklicher Zahl in fast allen Teilen der Hansestadt. Auch im inneren Stadtgebiet kommt er vor, sofern dort nur einige Bäume stehen.

**Kap. 6
Rotschwänze etc.**

Hier: Buchfink

Während das Männchen seinen Gesang schmettert, hält sein nicht ganz so schmuckes Weibchen nach Nahrung Ausschau. Beide Geschlechter haben übrigens die doppelte weiße Flügelbinde.

Linke Seite: männlicher Buchfink. Achtung: Gleich ertönt sein berühmter Finkenschlag.

Grünfink (Grünling) (Chloris chloris bzw. Carduelis chloris (16.600 Rev.)

E Greenfinch F Verdier d'Europe I Verdone NL Groenling
PL Dzwoniec R Зеленушка

Es ist anzunehmen, dass sich der wissenschaftliche Name auf das griechische „chlorós" = grün bezieht. Nicht nur im Deutschen, sondern in fast allen der obigen Sprachen wird „Grün" für diesen Vogel verwendet.

In der Tat ist besonders der männliche Vogel olivgrün. Außerdem schmückt er sich mit großen gelben Flecken auf den Flügeln und dem Schwanz. Bei den Weibchen herrscht ein sehr mattes graues Olivgrün mit sehr viel weniger und unauffälligem Gelb vor. Wenn nicht genau hingeschaut wird, kann das Weibchen manchmal mit dem weiblichen Haussperling verwechselt werden.

Der Gesang ist zur Brutzeit ein ziemlich lautes „GIGGERN" oder „Klingeln". Es hört sich an wie ein schnelles „GIGIGIGIG", das häufig mit einem breiten, gequetschten „DSCHÄSCH" endet. Der Gesang wird vorzugsweise von Baumspitzen vorgetragen. Während des schaukelnden, fast fledermausartigen Balzfluges ertönt der mit schnurrenden und klingelnden Trillern gemischte Singflug.

In Hamburg sind Grünfinken sogar noch etwas häufiger als Buchfinken. Sie fallen wahrscheinlich weniger auf, weil sie nicht so häufig auf dem Boden anzutreffen sind, der Gesang nicht so auffällig ist wie der des Buchfinken und darüber hinaus von hoher Warte aus erklingt.

Grünfinken sind auch im Innenstadtbereich anzutreffen, falls wenigstens einzelne Bäume entlang der Straßen vorhanden sind. Im Winter suchen sie häufig die Futterplätze auf.

**Kap. 6
Rotschwänze etc.**

Hier: Grünfink

Im Winter lassen sich Grünfinken gern an Futterstellen blicken wie hier das hübsche Männchen.

Kernbeißer
(Coccothraustes coccothraustes) (540 Rev.)

E Hawfinch F Gros-bec cassenoyaux I Frosone NL Appelvink
PL Grubodziób R Дубонос

Rechte Seite oben: Nicht nur Grünfinken, sondern auch Kernbeißer erscheinen im Winter gern am gedeckten Tisch. Hier lässt es sich ein Paar gemeinsam schmecken.

Schon beim Aussprechen des wissenschaftlichen Namens kann man förmlich das Knacken von Kernen hören. Er geht auf das Griechische zurück und bedeutet „Kernspalter, -brecher".

Dieser hübsche, großköpfige und kompakte Finkenvogel ist unverwechselbar. Er ist fast so groß wie ein Star. Seine Grundfarbe ist Braun in verschiedenen Schattierungen. Er hat einen schwarzen Kehlfleck, einen weißen Spiegel in den Flügeln und gelbbraune Wangen. Kein anderer Vogel hat so einen mächtigen Dreiecksschnabel. Dieser ist im Frühling stahlblau, im Winter hellbeige. Mit diesem Schnabel ist er in der Lage, Kirschkerne zu knacken. Daher hieß er früher „Kirschkernbeißer". Allerdings knackt und frisst er vorzugsweise Sonnenblumenkerne, Ahorn- und Ulmensamen sowie Bucheckern. Er verschmäht auch Insekten und Knospen nicht.

Im Flugbild fallen der große Kopf und der kurze Schwanz auf. Er fliegt schnell und meist hoch. Wenn er zufällig über Sie hinwegfliegt, dann können Sie an den Unterflügeln mehrere weiße punktartige Flecken erkennen.

Trotz seines typischen Aussehens kann er leicht übersehen werden, da er im Sommer ziemlich scheu ist und sich oft hoch in den Bäumen aufhält. Dann wird man meist durch seine Stimmäußerungen auf ihn aufmerksam: ein lautes, scharfes und fast explosives „ZICKS". Der selten gehörte Gesang ist ein klirrendes Gezirpe. Im Winter stellt er sich gern an Futterplätzen ein. Da sind Sonnenblumenkerne seine Lieblingsnahrung.

Bei dieser Nahaufnahme kann der Kernbeißer seine ganze Schönheit zur Geltung bringen.

**Kap. 6
Rotschwänze etc.**

Hier: Kernbeißer

In Hamburg trifft man den Kernbeißer in erster Linie in größeren Wäldern an wie z.B. in den Harburger Bergen. Anfang des 20. Jahrhunderts hatte er sich bis in das engere Stadtgebiet ausgebreitet. Mit der steigenden Verdichtung der Bebauung, Versiegelung der Böden und Fällung vieler Bäume hat er sich aus dem erweiterten Innenstadtbereich wieder zurückgezogen.

Vor etlichen Jahren beobachtete ich ein Paar in Planten un Blomen, wo Kernbeißer jedoch seit längerem verschwunden sind. In letzter Zeit wurde er relativ stadtnah häufiger im Niendorfer Gehege und auf dem UKE-Gelände gesehen.

Nicht nur die auf der rechten Seite gezeigte Karikatur, sondern auch die Poesie bedient sich unserer gefiederten Freunde in Zeiten der Abzocker, Gier und Finanzkrise. So schrieb Klaus Pawlowski in der taz ein zeitgenössisches Gedicht „Sei gut zu Vögeln im Frühling":

*Unten:
In Zeiten des Neoliberalismus dringt kaufmännisches Vokabular überall ein – sogar in die Welt der Vögel.*

*Während im Liechtensteiner Kraut
die Schwarzgelddrossel Nester baut ...*

In den dann folgenden Reimen erscheinen äußerst kreative Vogel-Wortschöpfungen wie Spendensumpfhuhn, Klauerhahn, Verschleiereulen, Pr-Eisvögel, Brotkehlchen, Kohlemeise, Knebelkrähe, Sparbuchfink, Abgreifvogel ...

Darauf muss man erst einmal kommen. Chapeau!

Das hübsche Dompfaffmännchen knackt an einem winterlichen Futterplatz einen Sonnenblumenkern. Die Weibchen haben eine graue Brust.

Dompfaff (Gimpel) (Pyrrhula pyrrhula) (4.300 Rev.)

E Bullfinch F Bouvreuil pivoine I Ciuffolotto NL Goudvink PL Gil R Обыкновенный снегирь

Der Name Dompfaff bezieht sich sicherlich auf die roten Talare der Domprälaten. Allerdings hat nur das Männchen diese schöne rote Brust. Beim Weibchen ist sie grau. Beide Geschlechter haben eine tiefschwarze Kopfplatte, schwarze Flügel und einen schwarzen Schwanz mit einer hellen Binde. Charakteristisch ist auch der weiße Bürzel, der besonders beim Flug des Vogels auffällt.

Meist sind Dompfaffen paarweise unterwegs. Manche Paare scheinen über mehrere Jahre zusammenzuhalten.

Der häufig zu hörende Lockruf hört sich an wie ein weiches, etwas wehmütiges „DÜÜ". Dieser Ruf lässt sich leicht nachahmen. Der einst gängige Ausspruch „Dumm wie ein Gimpel" rührt daher, dass die Vogelfänger leichtes Spiel hatten, indem sie diesen Ruf nachahmten und die Gimpel damit auf die Leimruten lockten. Der Gesang ist ein leises, quietschendes Geschwätz, gemischt mit zwitschernden und knarrenden Lauten.

Auch in der Hansestadt ist der Dompfaff von einem ursprünglichen Wald- zu einem Gartenvogel geworden. Für ihn ist der Wandel von Nutzgärten zu nadelholzreichen Ziergärten offenbar vorteilhaft gewesen, zumal er gern in Koniferen oder immergrünen Sträuchern und Hecken brütet. Er ist hier praktisch flächendeckend verbreitet. In der Nähe der Innenstadt brüten Gimpel u. a. am Isebekkanal, im Alten Botanischen Garten und in den (Vor-)Gärten zwischen Dammtor und Isebekkanal.

Insgesamt hat der Gimpelbestand in Hamburg in den letzten Jahrzehnten erfreulicherweise stark zugenommen.

Kap. 6
Rotschwänze etc.

Hier: Dompfaff

An der Rückwand des Hauses Hallerstraße 6 im Efeu, der an einem Balkonpfeiler hochrankt: das Nest eines Dompfaffenpaares kurz nach dem Ausfliegen der beiden Jungen

2012: linker Pfeil: Links im Efeu am Pfeiler brütete der Dompfaff. Rechter Pfeil: Unterhalb des Balkons mit den Glyzinien (Wisteria) die Ringeltaube. Somit brüten je nach Jahr direkt am Doppelhaus Hallerstr. 6/8 bis zu sechs verschiedene Vogelarten: Außer den beiden obigen Arten: an der Ostseite: Mauersegler; Südseite: in Nistkästen Blau- und Kohlmeisen; in den Glyzinien: die Amsel

Stieglitz (Distelfink) (Carduelis carduelis) (840 Rev.)

E Goldfinch F Chardonneret élégant I Cardellino NL Putter
PL Szczygieł R Щегол

Carduelis bezieht sich auf das lateinische „cardus" = Distel, da der Stieglitz eine Vorliebe für die Samen der Distel hat. Daher rührt auch der Name „Distelfink".

Der Stieglitz ist ein hübsches, vielfarbiges Vögelchen: Er hat ein rotes Gesicht, der Kopf ist sonst schwarz-weiß, seine schwarzen Flügeldecken ziert ein schönes gelbes Band. Der braune Rücken geht in einen weißen Bürzel über.

Und ist Ihnen bekannt, warum der Stieglitz so viele Farben trägt? Nein? Aber die folgende Legende weiß es: Als Gott die Vögel schuf, hatte er alle Farben verbraucht. In der Ecke saß ein kleines, graues Vögelchen, das jämmerlich klagte: *„Alle Vögel haben irgendwelche hübschen Kleider bekommen. Nur ich sitze hier als hässliches, unscheinbares Geschöpf – wie ein graues Mäuschen!"*

Gott dauerte das Gejammer. Zugleich hatte er ein etwas schlechtes Gewissen. Er schaute in alle Farbtöpfe und fand in vielen noch kleine Farbreste, mit denen er das Vögelchen anmalte. Dann sprach er: *„Weil ich dich etwas vernachlässigt habe, bekommst du jetzt eines der hübschesten Vogelkleider, und zwar für dich und für dein Weibchen, damit ihr beide gleich schön ausseht."* Ja, und das war nun die wahre Geschichte über die Stieglitzbuntheit …

Das schöne Federkleid der Stieglitze hatte zur Folge, dass für lange Zeit Stieglitze beliebte Käfigvögel wurden. Erst als exotische Prachtfinken bekannt wurden, ersetzten diese die Stieglitze.

Ferner sei erwähnt, dass Distelfinken lebhafte Vögel, geschickte „Turner" und begabte Nestbauer sind. Ihre Nester gehören zu den schönsten Singvogelnestern überhaupt.

Außer den hübschen Farben hat der Stieglitz noch eine weitere Besonderheit: Er ruft ständig seinen eigenen Namen: „STIEG-LITT". Sein Gesang ist ein helles, fröhliches Zwitschern, in dem dieser Ruf regelmäßig wiederholt wird.

In Hamburg hält sich der Stieglitz gern in einem dörflichen Umfeld auf wie z.B. im Alten Land, in Wilhelmsburg, Neuland oder Teilen der Vier- und Marschlande. Im Innenstadtbereich werden Sie ihn so gut wie nie oder höchstens einmal zufällig sehen, wenn die Vögel im Herbst oder Winter in kleinen Gruppen umherstreifen.

**Kap. 6
Rotschwänze etc.**

Hier: Stieglitz

Hier oben hat der prächtige Stieglitz den besten Überblick über die nähere Umgebung.

7 Sechs in Hamburg als WINTERGÄSTE auftretende Vogelarten

Zum Schluss stelle ich Ihnen noch einige Vogelarten vor, die bei uns fast ausschließlich im Winter zu sehen sind, und zwar:

Gänsesäger, Seidenschwanz, Rotdrossel, Nebelkrähe, Bergfink, Erlenzeisig

Gänsesäger (Mergus merganser)

E Goosander F Harle bièvre I Smergo maggiore NL Grote zaagbek PL Tracz nurogęś R Большой крохаль

Kap. 7
Wintergäste etc.

Hier: Gänsesäger

Die Säger haben einen „Sägeschnabel", d.h. einen schlanken, langen Schnabel mit gezähnten Rändern, damit sie die nach einem Tauchgang gefangenen Fische gut festhalten können. Sie liegen beim Schwimmen tief im Wasser.

Von den drei in Norddeutschland vorkommenden Sägerarten ist der Gänsesäger der größte. Er ist größer und schlanker als eine Stockente. Er hat eine schnittige Gestalt und einen langen Körper.

Die Männchen sind sehr hübsch: Ihr Körper ist überwiegend weiß, der Kopf ist dunkelgrün, der Schnabel rot. Die Weibchen haben einen braunen Kopf mit einem haubenartigen Schopf, eine weiße Kehle und einen mehr grauen als weißen Körper.

Bei besonders kaltem Wetter kann man direkt in Hamburgs Stadtmitte Gänsesäger beobachten, und zwar auf der Kleinen Alster, dem anschließenden Alsterfleet, der Binnen- und Außenalster. Man muss die Wasserflächen möglichst mit dem Fernglas genau absuchen. Die weißen Körper der männlichen Gänsesäger fallen dann zuerst ins Auge.

Gänsesägerpaar auf der Außenalster. Links das Weibchen, rechts das Männchen, dessen weißer Körper schon von ferne auffällt.

Seidenschwanz (Bombycilla garrulus)

E Waxwing F Jaseur boréal I Beccofrusone NL Pestvogel
PL Jemiołuszka R Свиристель

„Bombyx" bedeutet Seide. „Cilla" wurde von den Ornithologen als ein Wort für einen besonders auffallenden Schwanz erfunden. Der fast schwarze Schwanz dieses Vogels hat eine gelbe Spitze bzw. eine gelbe Endbinde. Die ungewöhnliche Färbung lässt an ein besonders feines, nahezu seidiges Schwanzende denken. Die englische Bezeichnung ist da vielleicht etwas pragmatischer: Da der Schwanz einen künstlichen, wie gewachsten Eindruck macht, wird der Vogel „waxwing" genannt.

Seidenschwänze sind etwa starengroß, haben viel rotstichiges Braun im Gefieder und tragen eine Haube. Sie sind echte Schönlinge und unverwechselbar. Ihr Flugbild ähnelt dem des Stars, wobei Seidenschwänze schneller fliegen. Während des Fluges geben sie häufig ein schwirrendes, helles „SIRR" von sich.

Diese bunten Vögel sind unregelmäßige Wintergäste. Sie sind sogenannte Invasionsvögel, d.h., wenn sie in ihrer Heimat Russland bzw. dem nördlichen Skandinavien nicht ausreichend Nahrung finden, ziehen sie zum Teil in großen Trupps nach Westen oder Süden. Bei uns ernähren sie sich von Wildbeeren wie Vogelbeeren, Weißdorn, Mistel, Mispeln. Da Seidenschwänze häufig aus menschenleeren Gegenden kommen, sind sie meist nicht sehr scheu.

Ende Februar 2012 wurden in Regionen wie der Lausitz Schwärme von bis zu 500 Vögeln beobachtet. Insgesamt sind im Februar zehntausende Seidenschwänze in Mitteleuropa „eingefallen". Große Schwärme von 500 Tieren sind eher ungewöhnlich. Überwiegend sind es Trupps von sechs bis zwanzig, gelegentlich bis zu 100 Exemplaren.

Aber ob einzeln, in kleinen oder großen Schwärmen: Seidenschwänze sind immer eine ausgesprochene Augenweide!

**Kap. 7
Wintergäste**

Hier: Seidenschwanz

Im Winter besteht die Hauptnahrung des Seidenschwanzes aus Wildbeeren aller Art und aus Äpfeln. Im Spätherbst und frühen Winter ist der Beerentisch noch gut gedeckt. Hier hat sich der Vogel eine Beere aus dem reichhaltigen Angebot des Cotoneasters (Mispel) abgezupft. Schauen Sie einmal auf die außergewöhnlich hübschen Flügel- und Schwanzfarben dieses Schönlings!

Im Laufe der Wintermonate wird das Beerenangebot immer karger. Nach langer Beerensuche ruht sich dieser Seidenschwanz erst einmal aus.

Rotdrossel (Weindrossel) (Turdus iliacus)

E Redwing F Grive mauvis I Tordo sassello NL Koperwiek
PL Droździk R Белобровик

Diese Drossel ist etwas kleiner als die Singdrossel. Sie ist leicht an ihren rostroten Flanken und an ihrer markanten Gesichtszeichnung, nämlich dem hellen Überaugenstreif, zu erkennen. Letzterer gab ihr sogar den russischen Namen „Weiß-Augenbraue".

Ihre häufigste Stimmäußerung sind ein dünnes, gedehntes „ZIEH" sowie ein raues „DACK-DACK". Ihr Gesang ist bei uns am ehesten im Frühling zu hören, kurz bevor die Rotdrosseln in ihr skandinavisches oder russisches Brutgebiet zurückfliegen. Er besteht aus vier bis sechs Flötentönen etwa „TRÜ-TRÜ-TRÜ-TRÜ", die meist abfallend vorgetragen werden. Darauf folgt ein Zwitschern. Wenn ein Trupp singt, hört sich dieses „Konzert" angenehm flötend an.

Wie viele andere Drosselarten ernähren sich die Rotdrosseln bei uns im Winter überwiegend von Beeren.

Rotdrosseln erscheinen bei uns in kleineren bis mittelgroßen Trupps. Bei einer Zugvogelzählung im Yachthafen Hamburg in Wedel durch den „Arbeitskreis an der Staatlichen Vogelschutzwarte Hamburg" wurden als Beispiel am 22. und 25.10.2012 insgesamt 4.000 bzw. 2.200 durchziehende Rotdrosseln ermittelt.

Am 4.4.2012 hörte ich in den Hintergärten der Hallerstraße ein wohltönendes Vogelkonzert von etwa 50 Rotdrosseln. Sie hatten auf dem Rückflug in ihre Brutgebiete einen Zwischenstopp eingelegt. Wegen der nahenden Brutzeit waren sie auffällig gesangsaktiv. Hier eine der Rotdrosseln. Charakteristisch ist der Überaugenstreif und die namensgebende Rotfärbung ihrer Flanken.

Auch die **Wacholderdrossel** ist bei uns im Winter ein häufig gesehener Gast, der in kleineren und größeren Schwärmen umherstreift. Zur Wacholderdrossel finden Sie weitere Einzelheiten im Kapitel 5, da diese Drossel in Hamburg auch ein seltener Brutvogel ist.

**Kap. 7
Wintergäste**

Hier: Rotdrossel

Aus der Nähe lassen sich die Gesichtsmaske und die rote Flanke der Rotdrossel noch deutlicher erkennen.

Im Winter kann man Rotdrosseln (links) und Wacholderdrosseln manchmal gemeinsam auf Nahrungssuche beobachten. Gut kann man hier auch die unterschiedlichen Größen vergleichen.

Nebelkrähe (Corvus corone cornix)

E Hooded crow F Corneille mantelée I Cornacchia grigia
NL Bonte kraai PL Wrona siwa R Серая ворона

Bei der Nebelkrähe sind der Rücken und der Unterkörper grau, sonst ist sie schwarz. Sie ist ein Vogel des „Ostens". Als Brutvogel

Nur selten verirrt sich die weiter östlich beheimatete Nebelkrähe nach Hamburg.

kommt sie nur östlich der Elbe vor. Während sie in Hamburg nur sehr selten auftaucht, trifft man sie z. B. in Berlin allerorten an. Folglich: In Hamburg ist die verwandte, rein schwarze Rabenkrähe und in Berlin die Nebelkrähe die dominierende Krähenart.

**Kap. 7
Wintergäste**

Hier: Nebelkrähe

Bergfink (Fringilla montifringilla)

E Brambling F Pinson du nord I Peppola NL Keep PL Jer R Юрок

Der Name ist irreführend und geht offenbar auf eine Aristoteles-Übersetzung zurück. Diese Finkenart lebt nicht in den Bergen. Außerdem ist es kurios, dass sie früher eine Zeitlang als „Talfink" bezeichnet wurde. Aber Sie wissen es ja schon: Turmfalken kommen nicht nur auf Türmen vor, Zaunkönige nicht nur auf Zäunen – und die Nachtigall singt durchaus nicht nur nachts.

Der Bergfink ist etwa so groß wie der Buchfink. Die Kehle, Kropf, Brust sowie die Oberflügeldecken sind orangefarben, der Kopf und das Genick sind schwärzlich. Erst im Sommerkleid in seiner Heimat wird das Schwärzliche zu einem schönen Schwarz. Auffällig ist der weiße Bürzel.

Seine Stimmäußerungen sind bescheiden: ein metallisches „DJÜP" oder ein „QUÄK".

Die Heimat der Bergfinken sind vornehmlich die skandinavischen Birkenwälder. Dort ist er zusammen mit dem Fitis die häufigste Vogelart. Bergfinken sind auch in Hamburg regelmäßige Wintergäste und Durchzügler. An zwei Tagen im Oktober 2012 wurden z.B. insgesamt 4.400 durchziehende Exemplare vom „Arbeitskreis an der Staatlichen Vogelschutzwarte Hamburg" gezählt (s. oben: Rotdrossel).

Häufig sind sie zusammen mit Buchfinken in Trupps oder ganz selten in Riesenschwärmen unterwegs, die zigtausende Vögel umfassen können. Im Januar 2009 wurde in der Steiermark/Österreich ein gigantischer Schwarm beobachtet, der vier Millionen Vögel stark war! Die Hauptnahrung im Winter sind Bucheckern und andere Samen.

Auch Bergfinken finden sich gern an winterlichen Futterstellen ein. Hier ein Männchen, leicht erkennbar an der orangefarbenen Brust und Schulter. Beim Flug zeigt es seinen weißen Bürzel.

Erlenzeisig (Spinus spinus oder Carduelis spinus)

E Siskin F Tarin des aulnes I Lucarino NL Sijs PL Czyż R Чиж

Wenn Sie bei uns den Namen „Zeisig" hören oder lesen, dann ist immer der Erlenzeisig gemeint.

Erlenzeisige sind kleine Vögelchen, bei denen die Männchen mit ihrem relativ kontrastreichen grünen, gelblichen und schwarzen Gefieder leicht zu erkennen sind. Die Weibchen sind einfarbiger dunkel gestrichelt.

Man hört eher gedämpfte Rufe wie „BLIÖ" oder „TEK-TEK". Im Winter streifen Erlenzeisige in Trupps auf der Suche nach Erlen- und Birkensamen durch Parks und Gärten. Sie sind lebhafte und gewandte Vögel, die bei der Nahrungssuche an den Erlenzapfen oft bei nach oben gerichtetem Bauch mit dem Schnabel geschickt die Samen aus den Zapfen klauben.

Im Winter ist der Erlenzeisig meist auf Erlen oder Birken anzutreffen. Hier sitzt er im Frühherbst auf einer Ampferpflanze.

Im Winter können Sie in Hamburg im erweiterten Innenstadtbereich Erlenzeisige überall dort beobachten, wo Erlen oder Birken stehen wie z. B. am Isebekkanal, an der Außenalster oder im Alten Botanischen Garten.

Ebenfalls im Winter und in den gleichen Bäumen sind Trupps von **Birkenzeisigen** unterwegs, wenngleich sie erheblich seltener anzutreffen sind als die Erlenzeisige, mit denen sie bisweilen auch zusammen sind. Unter den Birkenzeisigen befinden sich auch Wintergäste aus dem Norden. Als Brutvögel rechnet man in Hamburg mit rund 230 Revieren von Birkenzeisigen, die sich vor allem im Alten Land konzentrieren.

**Kap. 7
Wintergäste**

Hier: Erlenzeisig

Birkenzeisig auf einer Erle. Diese hübsche Aufnahme zeigt Ihnen die Merkmale des Birkenzeisigs im Januar: die rote Stirn und den schwarzen Kinnfleck. Im Brutkleid hat der männliche Birkenzeisig außerdem eine rötliche Brust.

8 Verwendete und weiterführende Literatur

Hagemeijer, Ward J. M./Blair, Michael J. (Hrsg.): The EBCC Atlas of European Breeding Birds, T & A D Poyser, London 1997

Jonsson, Lars: Die Vögel Europas und des Mittelmeerraumes, Kosmos Naturführer, Stuttgart 1992

Makatsch, Wolfgang: Die Vögel Europas, Anaconda Verlag, Köln 2010

Mitschke, Alexander/Baumung, Sven (Hrsg.): Brutvogel-Atlas Hamburg, Hamburger Avifaunistische Beiträge (hab), Band 31, 2001

Mitschke, Alexander: Atlas der Brutvögel in Hamburg und Umgebung (hab), Band 39, 2012

Mulsow, Ronald: Hamburg. In: Kelcey, John G./Rheinwald, Goetz (Hrsg.): Birds in European Cities, GINSTER Verlag, St. Katharinen 2005

Pedersen, Jan/Svensson, Lars/Bezzel, Einhard: Vogelstimmen. Unsere Vögel und ihr Gesang, Malik, Piper Verlag GmbH, München 2012

Peterson, Roger/Mountfort, Guy/Hollom, Philip A.D.: Die Vögel Europas, 14. verbesserte Auflage, Verlag Paul Parey, Hamburg und Berlin 1985

Pfeifer, Sebastian: Taschenbuch der deutschen Vogelwelt, Verlag Waldemar Kramer, Frankfurt/M. 1950

Rettig, Klaus: Brutvogelatlas Stadt Emden, Stadt Emden, Fachdienst Umwelt, Emden 2007

Schmidt, Thomas: Gefiederte Nachbarn – Vögel in Stadt und Garten, Edition Rasch und Röhring, Steinfurt 2001

Schmidt, Thomas: Hamburgs Vogelwelt entdecken – 10 Spaziergänge zu den Lebensräumen, Convent Verlag, Hamburg 2002

Vieth, Harald: Hamburger Sehenswürdigkeiten: Bäume, Selbstverlag, Hamburg 2011

Vieth, Harald: Klimawandel mal anders. Was tun?, Selbstverlag, Hamburg 2007

Wember, Viktor: Die Namen der Vögel Europas, Bedeutung der deutschen und wissenschaftlichen Namen, AULA-Verlag, Wiebelsheim 2005

Westphal, Uwe: Vogelexkursion mit Uwe Westphal, Audio-CD mit 32-seitigem Beiheft, Edition Ample, Germering 2007 (Stimmen von fast 100 heimischen Vogelarten)

Westphal, Uwe/Helm, Günther: Wilde Hamburger, Natur in der Großstadt, Murmann Verlag GmbH, Hamburg 2006

Anmerkungen

Die Angaben über die Brutreviere und Einzelheiten zu den Brutvogelarten sind aus dem oben an 4. Stelle aufgeführten Brutvogel-Atlas und aus dem an 5. Stelle aufgeführten Atlas der Brutvögel in Hamburg und Umgebung, beide hab, entnommen. Einzelheiten zu den Vogelnamen gehen überwiegend zurück auf Wember, Viktor: Die Namen der Vögel Europas, Bedeutung der deutschen und wissenschaftlichen Namen.

9 Wie könnte es weitergehen?

Manche werden sagen: „Mehr möchte ich gar nicht wissen über Vögel."

Andere jedoch wollen vielleicht ihre Kenntnisse erweitern und sich näher mit der Vogelkunde beschäftigen. Sie heißt nicht umsonst „scientia amabilis", also die liebenswerte Wissenschaft.

Gern gebe ich einige Anregungen:

Spätestens wenn die Bäume belaubt sind, spielen die Stimmen der Vögel eine wichtige Rolle. Häufig werden Sie Vögel hören, sie aber nicht sehen können.

Da im ausklingenden Winter und beginnenden Frühling die Zugvögel noch nicht zurückgekehrt sind, empfiehlt es sich, bereits zu dieser Zeit den Stimmen der Vögel zu lauschen, denn die Anzahl der Laute und Gesänge hält sich in Grenzen. Schnell können Sie einige gängige Stimmäußerungen lernen wie z.B. die von Kohl- und Blaumeise, Zaunkönig, Heckenbraunelle, Amsel oder Buchfink.

Unterstützung können Sie durch zahlreiche CDs mit Vogelstimmen suchen. Im vorliegenden Literaturverzeichnis finden Sie bereits zwei Hilfsmittel: die CD von Uwe Westphal mit ihren fast 100 Vogelstimmen und das Buch von Jan Pedersen und anderen. Aber es gibt reichlich weitere CDs. Lassen Sie sich beraten – vorzugsweise beim NABU oder BUND. Wenn Sie dort auch einkaufen, helfen Sie gleichzeitig dem Naturschutz.

Am schönsten ist es selbstverständlich, wenn man draußen in der Natur die Vögel in „echt" hören kann. Der NABU, Hamburg, bietet in jedem Frühling (April und Mai) die beliebten Spaziergänge zum Kennenlernen der heimischen Vogelwelt an. Nutzen Sie dieses reichhaltige und kostenlose Angebot mit dem Namen „Was singt denn da?". Darüber hinaus führen NABU und der BUND Tageswanderungen und ornithologische Studienreisen in interessante Gebiete durch.

Wenn Sie Anfänger/-in ohne oder mit geringen Vorkenntnissen sind, wäre es sinnvoll, zunächst bei den 77 in diesem Buch vorgestellten Arten zu bleiben. Dann könnten Sie Ihre Aktivitäten auf die etwa 160 Brutvogelarten Hamburgs ausweiten.

Auf den folgenden Seiten folgt eine „Checkliste". Hier könnten Sie z.B. die Ihnen jetzt schon eindeutig bekannten Vogelarten

„abhaken" und jede weitere von Ihnen beobachtete neue Art entsprechend markieren.

Empfehlung: Ihr erstes Bestimmungsbuch sollte nur Vögel beschreiben, die in Deutschland vorkommen. Später können Sie immer noch „Vögel Europas" hinzunehmen.

Vogelkunde ist eine weltweit verbreitete Wissenschaft und für Millionen Menschen ein beliebtes Hobby und Freizeitbeschäftigung. Heutzutage gibt es für fast alle Regionen dieser Erde Vogelbücher.

10 Autor

Harald Vieth, geb. 1937, trat als 15-Jähriger in den Deutschen Jugendbund für Natur beobachtung (DJN) und in den Deutschen Bund für Vogelschutz (heute NABU) ein.

Nach dem Abitur und seiner Ausbildung zum Außenhandelskaufmann arbeitete er fünf Jahre in Spanien, England und Frankreich. Es folgten Lehrerstudium mit Schwergewicht Fremdsprachen, insbesondere Russisch, und 25 Jahre Lehrertätigkeit.

Zwischendurch lebte er zweieinhalb Jahre mit Ehefrau Cosima und Sohn Julian in Simbabwe.

Veröffentlichungen u. a.: „Pamberi nechiShona" (Lehrbuch für die Bantusprache Schona, Helmut Buske Verlag), „Hier lebten sie miteinander" (Jüdische Schicksale in Hamburg-Rotherbaum). 1995 folgte „Hamburger Bäume – Zeitzeugen der Stadtgeschichte" und fünf Jahre später „Hamburger Bäume 2000 – Geschichten von Bäumen und der Hansestadt".

Für die Baumbücher sowie den „Einsatz für alte und bemerkenswerte Bäume" wurde der Autor am 8. Januar 2003 vom damaligen Bundespräsidenten Rau zum traditionellen Neujahrsempfang in das Berliner Schloss Bellevue eingeladen.

2004 erschien dann das Buch „Bemerkenswerte Bäume in Berlin und Potsdam", 2007 „Klimawandel mal anders. Was tun?" und 2011 „Hamburger Sehenswürdigkeiten: Bäume".
Informationen zu obigen Büchern und Bestellungen:
H. Vieth, Hallerstr. 8 II, 20146 Hamburg
Tel.: 040 / 45 21 09
Fax: 040 / 45 03 94 76
E-Mail: Harald@viethworld.net   www.viethverlag.de

11   Alle Brutvögel Hamburgs

Persönliche Checkliste – von A bis Z
(Hier könnten Sie die Arten abhaken, die **Sie** kennen bzw. gut
beobachtet haben)

❐ **A**msel (Schwarzdrossel)
❐ Austernfischer
❐ **B**achstelze
❐ Bartmeise
❐ Baumfalke
❐ Baumpieper
❐ Bekassine
❐ Bergfink = Wintergast
❐ Beutelmeise
❐ Birkenzeisig
❐ Blässralle (Blesshuhn)
❐ Blaukehlchen
❐ Blaumeise
❐ Bluthänfling
❐ Brandgans (Brandente)
❐ Braunkehlchen
❐ Buchfink
❐ Buntspecht (Großer B.)
❐ **D**istelfink (Stieglitz)
❐ Dohle
❐ Dompfaff (Gimpel)
❐ Dorngrasmücke
❐ Drosselrohrsänger
❐ **E**ichelhäher
❐ Eisvogel
❐ Elster
❐ Erlenzeisig
❐ **F**asan
❐ Feldlerche
❐ Feldschwirl
❐ Feldsperling
❐ Fichtenkreuzschnabel
❐ Fitis

❐ Flussregenpfeifer
❐ **G**änsesäger = Wintergast
❐ Gartenbaumläufer
❐ Gartengrasmücke
❐ Gartenrotschwanz
❐ Gebirgsstelze
❐ Gelbspötter
❐ Gimpel (Dompfaff)
❐ Girlitz
❐ Goldammer
❐ Graugans
❐ Graureiher
❐ Grauschnäpper (Grauer
    Fliegenschnäpper)
❐ Großer Brachvogel
❐ Grünfink (Grünling)
❐ Grünspecht
❐ **H**abicht
❐ Haubenmeise
❐ Haubentaucher
❐ Hausrotschwanz
❐ Haussperling (Spatz)
❐ Haustaube (Straßentaube)
❐ Heckenbraunelle
❐ Heidelerche
❐ Heringsmöwe
❐ Höckerschwan
❐ Hohltaube
❐ **J**agdfasan (Fasan)
❐ **K**anadagans
❐ Kernbeißer
❐ Kiebitz

- ❏ Klappergrasmücke (Zaun-grasmücke)
- ❏ Kleiber
- ❏ Kleinspecht
- ❏ Knäkente
- ❏ Kohlmeise
- ❏ Kolkrabe
- ❏ Kormoran
- ❏ Kranich
- ❏ Krickente
- ❏ Kuckuck
- ❏ **L**achmöwe
- ❏ Löffelente
- ❏ **M**andarinente
- ❏ Mantelmöwe
- ❏ Mauersegler
- ❏ Mäusebussard
- ❏ Mehlschwalbe
- ❏ Misteldrossel
- ❏ Mittelspecht
- ❏ Mönchsgrasmücke
- ❏ **N**achtigall
- ❏ Nachtschwalbe (Ziegenmelker)
- ❏ Nebelkrähe = Wintergast
- ❏ Neuntöter
- ❏ Nilgans
- ❏ **P**irol
- ❏ **R**abenkrähe
- ❏ Rauchschwalbe
- ❏ Rebhuhn
- ❏ Reiherente
- ❏ Ringeltaube
- ❏ Rohrammer
- ❏ Rohrschwirl
- ❏ Rohrweihe
- ❏ Rotdrossel (Weindrossel) = Wintergast
- ❏ Rothalstaucher
- ❏ Rotkehlchen
- ❏ Rotmilan
- ❏ Rotschenkel
- ❏ **S**aatkrähe
- ❏ Sandregenpfeifer (Hals-band-)
- ❏ Schafstelze (Wiesenschafs-stelze)
- ❏ Schellente
- ❏ Schilfrohrsänger
- ❏ Schlagschwirl
- ❏ Schleiereule
- ❏ Schnatterente
- ❏ Schwanzmeise
- ❏ Schwarzdrossel (Amsel)
- ❏ Schwarzkehlchen
- ❏ Schwarzkopfmöwe
- ❏ Schwarzspecht
- ❏ Seeadler
- ❏ Seidenschwanz = Wintergast
- ❏ Silbermöwe
- ❏ Singdrossel
- ❏ Singschwan
- ❏ Sommergoldhähnchen
- ❏ Spatz (Haussperling)
- ❏ Sperber
- ❏ Sprosser
- ❏ Star
- ❏ Steinkauz
- ❏ Steinschmätzer
- ❏ Stieglitz (Distelfink)
- ❏ Stockente
- ❏ Storch (Weißstorch)
- ❏ Straßentaube (Haustaube)
- ❏ Sturmmöwe
- ❏ Sumpfmeise
- ❏ Sumpfrohrsänger
- ❏ **T**afelente

- ❏ Tannenmeise
- ❏ Teichralle (Teichhuhn)
- ❏ Teichrohrsänger
- ❏ Trauerschnäpper
- ❏ Trauerseeschwalbe
- ❏ Tüpfelsumpfhuhn
- ❏ Türkentaube
- ❏ Turmfalke
- ❏ Turteltaube
- ❏ Uferschnepfe (Schwarz-schwänzige)
- ❏ Uferschwalbe
- ❏ Uhu
- ❏ Wacholderdrossel
- ❏ Wachtel
- ❏ Wachtelkönig
- ❏ Waldbaumläufer
- ❏ Waldkauz
- ❏ Waldlaubsänger
- ❏ Waldohreule
- ❏ Waldschnepfe
- ❏ Wanderfalke
- ❏ Wasserralle
- ❏ Weidenlaubsänger (Zilp-zalp)
- ❏ Weidenmeise
- ❏ Weindrossel (Rotdrossel) = Wintergast
- ❏ Weißstorch (Storch)
- ❏ Wespenbussard
- ❏ Wiesenpieper
- ❏ Wiesenschafstelze (Schaf-)
- ❏ Wintergoldhähnchen
- ❏ Zaungrasmücke (Klapper-)
- ❏ Zaunkönig
- ❏ Ziegenmelker (Nacht-schwalbe)
- ❏ Zilpzalp (Weidenlaubsän-ger)
- ❏ Zwergschnäpper (Zwerg-fliegen-)
- ❏ Zwergseeschwalbe
- ❏ Zwergtaucher

12 Förderer und Sponsor

Der Druck des vorliegenden Buches wurde durch den Förderverein Tierartenschutz in Norddeutschland e.V. unterstützt. Es enthält zahlreiche Fotos und Beiträge von Mitarbeiterinnen und Mitarbeitern des Arbeitskreises an der Staatlichen Vogelschutzwarte Hamburg.

Gründe für die Förderung

Hamburg ist eine Stadt, die durch besonders viele Grünflächen und Wasserflächen beeindruckt. Dieser Reichtum ist gefährdet durch zunehmende Versiegelung von Böden, Baumfällungen, das Roden von Sträuchern und Begradigen von Uferböschungen. Schon durch seine Bücher über Hamburger Bäume ist es Harald Vieth gelungen, interessierten Besuchern die Augen für die Vielfältigkeit und Schönheit der Hamburger Grünanlagen zu öffnen. Diese bieten aber auch die notwendigen Lebensräume für viele Vogelarten. Von besonderem Interesse ist daher auch dieses Buch, das sich mit dem Reichtum der Vogelwelt in Hamburg beschäftigt. Auf diese Weise können viele Menschen verstehen, wie bedeutsam Anliegen des Naturschutzes auch in der Stadt sind.

Der Arbeitskreis an der Staatlichen Vogelschutzwarte Hamburg (AKVSW)

Der Arbeitskreis ist ein lockerer Zusammenschluss vogelkundlich Interessierter. Die Mitarbeit ist ehrenamtlich und steht jedem offen. Der AKVSW arbeitet seit 50 Jahren an der wissenschaftlichen Erfassung der Brutvögel Hamburgs und seiner Umgebung. Darüber hinaus ist der AKVSW an überregionalen und internationalen vogelkundlichen Projekten beteiligt. Die Ergebnisse dieser Arbeiten werden u. a. auch der Stadtplanung und dem Naturschutz zur Verfügung gestellt und in den Hamburger avifaunistischen Beiträgen veröffentlicht. An jedem dritten Montag im Monat um 19:00 Uhr lädt der Arbeitskreis zu einem kostenlosen Vortragsabend ein. Näheres unter:

www.ornithologie-hamburg.de

Der Förderverein Tierartenschutz in Norddeutschland e.V. (FTN)

Der FTN ist ein gemeinnütziger Verein, dessen Zweck die Förderung des Tierartenschutzes ist. Insbesondere die Erhaltung von Lebensräumen bedrohter Arten steht im Zentrum seiner Arbeit. Auch setzt sich der FTN für die Durchführung von Erfassungsprogrammen diverser Vogelarten zur Unterstützung des Naturschutzes ein. Damit sorgt der FTN für die Finanzierung wichtiger Projekte, die nicht allein durch ehrenamtliche Arbeit getragen werden können. So wurde auch das vorliegende Buch vom FTN unterstützt.

Kontakt: Alexander Mitschke (1. Vorsitzender) – Alexander.Mitschke@ornithologie-hamburg.de
Hergartweg 11, 22559 Hamburg

13 Sachregister inklusive Vogelregister

A

Ackermännchen 178
Adebar 39, 41
Afrika 171
Airbus-Werkserwei-
    terung 25
Alsterarkaden 69,
    127, 175
Alsterchaussee 143
Alsterfleet 193
Alsterschwäne 14
Alstervorland 138
Altengamme 36
Alter Botanischer
    Garten 24, 35, 55,
    56, 92, 98, 101, 104,
    117, 119, 138, 143,
    145, 173, 178, 179,
    189, 203
Altes Land 158, 161,
    171, 190, 203
Alte Süderelbe 125
Am Darß 51
Amsel (Schwarzdros-
    sel) 152
Am Weiher, Eimsbüt-
    tel 27
Araukarie 72
Arbeitskreis an
    der Staatlichen
    Vogelschutzwarte
    Hamburg 9, 51,
    196, 200
Asien 35
Asthma-Vogel 133
Atlas der Brutvögel
    in Hamburg und
    Umgebung 11
Außenalster 28, 31,
    34, 36, 55, 56, 134,
    175, 193, 203
Austernfischer 60

B

Bachstelze 178
Balkenhol, Stephan
    34
Bastard-Ente 28
Bäume 8
Beethoven 10
Bergfink 200
Berlin 27, 51, 175, 199
Billwerder Bucht 25
Billwerder Insel 34,
    35
Binnenalster 64, 193
Biodiversität 9
Birkenzeisig 203
Blässhuhn 56
Blässralle 56
Blauelster 99
Blaukehlchen 166
Blaukehlchenstadt
    167
Blaumeise 112
Bleikehlchen 172
Blesshuhn 56
Blessralle 56
Boberger Dünen 80
Boberger Niederung
    90, 91, 165, 167
Born, Martina 56
Bramfelder See 36
Brandente 21
Brandgans 21
Brückenspinne 8
Brutparasit 75
Brutvogel-Atlas
    Hamburg von A.
    Mitschke und S.
    Baumung 11
Brutvogelatlas Stadt
    Emden 166
Buchfink 180
BUND 26, 206
Buntspecht, großer
    92

C

Charlie „Bird"
    Parker 10
China 35
Claudius, Matthias 74
Cliff 175
Cotoneaster (Mispel)
    195
Curslack 41
Cuxhavener Kugel-
    bake 19

D

Dachstelze 179
Deutscher Bund für
    Vogelschutz (heute
    NABU) 131
Dieffenbach, Georg
    Christian 128
Dilm-Delm 130
Distelfink 190
Dohle 104, 106
Dompfaff (Gimpel)
    188, 12
Doppelhaus Haller-
    str 6/8 189
Drosseln 152
Drosselschmiede 155
Duvenstedter Brook
    36, 50, 75, 79, 167,
    171

E

Eichelhäher 43, 100
Eichhörnchen 171
Eilbekkanal 87
Eimsbüttel 117, 155
Eimsbüttler Brahm-
    sallee 92
Eisvogel 86
Elbe 35
Elbmarsch 25
Elbtal 165, 167
Elster 98

Emden 166
Emma 63
Enten 23
Entgrünung 155
Eppendorfer Moor
    18
Eppendorfer Müh-
    lenteich 14, 16,
    20, 57
Eppendorfer Park
    36, 155, 179
Erhardt, Heinz 77,
    95, 125, 180, 181
Erlenzeisig 202
Eulenvögel 76
Eule (Ul) 76
Exoten-Ente 28
Extremadura 51

F

Fährdamm 175
Falke 44
Fallersleben, Hoff-
    mann von 39
Farbberingung 17, 56
Fasan 29
Feldlerche 124
Feldschwirl 12
Feldsperling 176
Fernheizung 159
Finken 180
Finkenschlag 181
Finkmeise 111
Fischreiher 36
Fitis 130, 132
Flachdach 60, 66
Flächenfraß 40
fliegender Edelstein
    86
Fliegenschnäpper
    160
Flughafen
    Fuhlsbüttel 107
Formationsflug 51
Frankreich 38, 71

Feuchtbiotop 40
Fußabdruck, ökologi-
scher 8

G

Gambia 18, 91
Gänse 17
Gänsemarkt 127
Gänsesäger 193
Gardinenpredigt 137
Gartenbaumläufer
144
Gartengrasmücke
137
Gartenrotschwanz
170
Gebirgsstelze 179
Geesthacht 165
Genderdiskussion 58
Gimpel 188, 12
Glanzstar 149
Glücksbringer 39
Goethe 87
Goldamsel 96
Goldbekkanal 57, 87
Goldhähnchen 141
Gott 190
Grasmücken 136
Graugans 17
Graureiher 36
Grauschnäpper 12,
160
Greifvögel 42
Grindelallee 79
Grindelviertel 51, 101
Großbritannien 22
Großer Buntspecht
92
Großmoordamm 41
Gründelente 23
Grünfink (Grünling)
184
Grünfläche 9
Grünfüßiges Teich-
huhn 54
Grünlandvernich-
tung 61

Grünling 184
Grünspecht 94
Gustav-Mahler-Park
145, 157, 179

H

hab 175
Habicht 48
Hafen 64
HafenCity 8
Hahnöfersand 25
Halbhöhlen-Nistkä-
sten 171
Hallerstraße 145, 163,
169, 196
Hallerstraße 6 189
Hallerstraße 6/8 85
Hamburger Arbeits-
kreis Ornithologie
70
Hamburger Avifau-
nistische Beiträge
175
Harburger Berg 187
Harburger Berge 49,
115, 119, 121, 143
Hartmann, J. 11
Harvestehuder Weg
143
Haseldorfer Marsch
167
Haubenlerche 124
Haubenmeise 120
Haubentaucher 30
häufigste Brutvogel-
arten 12
Hausrotschwanz
163, 168
Haussperling 174
Haustaube 70
Heckenbraunelle 172
Herr von Bülau 96
Himmelmoor 167
Hinrichs, Simon 19
Hirschpark 27, 94
Höckerschwan 14
Hof Eggers 39

Hoff, Hans-Joachim
19
Hof Grundmann 41
Hoffmann von fall-
ersleben 39
Hohe Schaar 21, 66,
69
Höltigbaum 125, 171
Holz, Arno 10
Holzhafen 25
Hotel Esplanade 98
Hühnerhabicht 48

I

Indikator 10
inneres Stadtgebiet
92
Innocentia-Park 47,
157
Invasionsvögel 194
Isebek-Initiative 12
Isebekkanal 31, 36,
47, 64, 87, 92, 101,
138, 145, 161, 189,
203
Italien 89

J

Jenischpark 27, 94
Johanniskirche 44
Johnsallee 143
Jungfernstieg 127,
175
Juwel der Lüfte 86

K

Kaifu-Bad 161
Kamikaze-Fliege 129
Kanadagans 20
Kandy, Sri Lanka 37
Kellinghusen-Park
143
Kennedybrücke 105
Kernbeißer 186
Kiebitz 61, 62
kiebitzen 61

Kinderlied 23
Kirchwerder 39
Kirschkernbeißer 186
Klappergrasmücke
138
Kleber 142
Kleiber 142
Kleine Alster 65, 69,
193
Kleinspecht 92, 95
Klimawandel 12, 39
Klövensteen 49, 119
Kohlmeise 110
Kolkraben 102
Königsglanzstar 149
Kopula 87
Kormoran 34
Kotballen 112
Krammetsvogel 158
Kreisl, Elisabeth 116
Krugkoppelbrücke
165
Kuckuck 74
Kugelnest 147
Kuhmühlenteich 45,
57, 58

L

La ballerina bianca
13
Lachmöwe 63
Lasurmeise 12
Laubsänger 130
Lausitz 194
Löffelente 25
Loriot 10, 96

M

Madagaskar-
Schnäpper 161
Mais 41
Mallorca 89
Mandarinente 26
Mann auf Boje 34
Markwart des
Waldes 101

Martens, Sönke 20
Mauersegler 83, 189
Mäusebussard 42, 43
Mauser 17, 42
Mauserzeit 18
Max-Brauer-Allee
  157, 163
Mehlschwalbe 126
Meisen 110
Mispel 195
Misteldrossel
  153–156
Mittelspecht 95
Mittelweg 44, 157
Mönch 136
Mönchsgrasmücke
  136
Morgenstern, Christian 63
Morphe 80
Möwen 63
Mozart 10
Mühlenberger Loch
  25
Müllerchen 138
Mythologie 39

N

NABU 9, 11, 40, 85,
  87, 125, 153, 206
NABU, Webcam 41
Nachtigall 164
Nachtigallenstadt
  165
Nachtschwalbe (Ziegenmelker) 91
Nacht- und Tag-igall
  165
Naturschutzgebiete
  (NSG) 8
Naturschutzhaus 90
Nebelkrähe 198
Neoliberalismus 187
Neuallermöhe 167
Neuer Wall 169

Neuland 125, 190
Niederlande 18
Niendorfer Gehege
  187
Nieß, Olaf 14
Nilgans 22
Nonnenmeise 119

O

Oberalster 32
Oberalsterniederung
  165
Oberer Rhinluch 51
Ochsenzoll 79
Ohlsdorfer Friedhof
  49, 78, 79, 82, 115,
  131, 141, 154
Ohlsdorfer Schleuse
  32
Öjendorfer See 36
ökologischer Fußabdruck 8
Osterbekkanal 58
Ostfriesische Nachtigall 166

P

Palombière 71
Parkanlage Grindelberg 157
Pelch, Jürgen 40
Paulowski, Klaus 187
Pfannenstiel(chen)
  116
Pfeifer, S. 154
Phrix-Haus 98
Pinguin-Pose 30
Pirol 12, 96
Planten 179
Planten un Blomen
  36, 37, 101, 131, 138,
  165, , 179, 187
Portugal 89
Poststraße 127
Prachtfinken 190

Projektgruppe Stadtnatur Hamburg
  (www.isebek-initiative.de / Natur
  am Isebek.html) 12
Purpurhuhn 55
Pyrenäen 71

Q

quietschende Kinderkarre 172

R

Rabenkrähe 99, 102,
  199
Rabenvögel 98
Raubvögel 42
Rauchschwalbe 127,
  128
Regenruf 181
Reiherente 24
Riepenburger Mühle
  39
Ringeltaube 70, 189
Rodenbeker Quellental 87
Rohrsänger 134
Rohweder 131
Romeo und Julia 164
Rosenstar 149
Rossini, G. 98
Rotdrossel (Weindrossel) 196
Rotkehlchen 162
Rotlappenkiebitz 62
Rotschwänze 168
Rüttelflug 44

S

Saatkrähe 104
Sachsenwald 115
Schachtelbruten 87
Schaubalz 30
Schildkröte 19
Schilpen 175

Schlafgemeinschaft
  82
Schmuckfedern 35
Schnaakenmoor 50
Schnickern 162
Schwalben 126
Schwäne 14
Schwanenvater 14
Schwanzmeise 116
Schwarzgelddrossel
  187
Schwarzkopfmöwe
  64
Schwarzspecht 95
Schwimmnester 31
Schwindel-Specht 95
scientia amabilis 206
Seerabe 34
Segelflug 46
Seidenschwanz 194
Shakespeare 164
Shell-Raffinerie 66
Silbermöwe 68
Simbabwe 129
Singdrossel 154
Singschwan 16
Sitzwarte 160
Sommerfeld, Marco
  28
Spanien 39, 89
Spatz 172
Spechte 92
Spechtmeise 142
Sperber 46
Sperling 46, 172
Sperlinge 174
Spielnest 147
Sprachen 13
sprachenschule 44
Sri Lanka 37, 55, 62
Staatliche Fremdsprachensschule
  44
Stadtgrün 9
Stadtpark 49, 82, 94,
  102, 141, 155
Stadttaube 49, 70

Star 148
Steiermark/Öster-
reich 200
Stephan 34
Stephansplatz 178
St. Gertrud 45
Stieglitz (Distelfink)
190
Stockente 23
Storm, Theodor 164
St. Petersburg 153
Stresemannallee 47
Stunde der Garten-
vögel 11
Stunde der Winter-
vögel 11
Sturmmöwe 66
Südportugal 99
Südspanien 99
Sumpfmeise 119

T

Talfink 200
Taz 187
Tannenhäher 12
Tannenmeise 114
Taschenbuch der
deutschen Vogel-
welt 154
Tauben 70
Tauchente 24
Taucher 30
Teichralle 54

Teichrohrsänger 134
Terzel 47
Trauerkloß 163
Trauerschnäpper 161
Tret-Akt 87
Trischen 21
Türkentaube 72
Turmfalke 44

U

Uhlenhorst 76
Uhu 77
UKE-Gelände 187
Umwelthauptstadt 8
Usutu-Virus 153

V

Versiegelung des
Bodens 8
Vierländer Treibhaus
179
Vier- und Marsch-
lande 40, 41, 127,
161, 165, 171, 190
Vogel Bülow 96
Vogelführungen 131
Vogelhochzeit 89
Volkspark 49

W

Wacholderdrossel
158, 197
Wacholderdrosseln
153
Waldbaumläufer 144
Walddörfer 115, 119,
143
Waldkauz 80
Waldohreule 82
Wallanlagen 24, 179
Wandsbeker Müh-
lenteich 18
Wattenmeer 21
Weidenmeise 119
Weindrossel 196
Weißbrust-Kielralle
55
Weiße Bachstelze 178
weißköpfige
Schwanzmeise 117
Weißsternblaukehl-
chen 166
Weißsterniges Blau-
kehlchen 166
Weißstorch 38
Wellingsbüttel 95
Wendehals 90
Wesselhoeftpark 27
Wiedehopf 88
Wilhelmsburg 127,
171, 190

Wilhelmsburger
Neuland 75
Winsener Marsch
167
Wintergäste 192
Wintergoldhähnchen
140
Wippsteert 178
Wittenberg, J. 11
Wohldorfer Wald 78
Wohlers Park 155
www.blesshuhn.
wordpress.com 56
www.gans-hamburg.
info 19

Y

Yachthafen Wedel
196

Z

Zappe 56
zappenduster 56
Zaungrasmücke 138
Zaunkönig 141, 146
Zeisig 202
Ziegenmelker 91
Zilpzalp (Weiden-
laubsänger) 130
Zingst 51
Zwergtaucher 32
Zypressen-Wolfs-
milch 67

Kapitel 4: „Preis"-Frage: Das Nistmaterial sammeln die Mehlschwalben vorzugsweise in den **Regenrinnen** der Innenstadt.

14 Bildnachweis

Ambrassat, Jürgen: S. 185, 187 o.

Ballerstedt, Christiane: 129 u.

Baumung, Sven: 23 r. o., 39, 41, 67 u., 82, 92, 112, 130, 160, 188, 202

Born, Martina (www.blesshuhn.wordpress.com):
54, 55 o., 57–59

Derer, Franz, NABU: 122

Ehrsam, Heinz: 74, 86, 89, 97, 133, 149 u.

Harms, Hans-Hermann: 203

Hecker, F., NABU: 150/151

Helm, Günther: 21 o., 35 u., 61, 66, 67 u., 67 o., 68, 78, 149 Mi.,

Hinrichs, Simon (www.gans-hamburg.info): 18 r. u., 37 Mi.,

Johne, Kristin: 62

Landsiedel, Tina, collagen – fotografien
(tina.landsiedel@web.de): 77

Mulsow, Ronald: 120

Petersen, Troels: 45 o., 45 u., 46, 128, 148, 149 o., 161 o., 163 o., 198/199

Posanski, Georg: 15 u., 24 u., 31 u., 100, 102

Preuß, Matthias: 79

Rastig, Guido: 29, 42, 43, 48, 81, 90, 94, 106, 115, 118, 125 f., 135f.,
139–141, 145, 164, 167, 169, 170, 191f., 195 o. + u.

Rode, Klaus de: 93

Roggel, Klaus (www.mauersegler.klausroggel.de): 84, 85 o.

Romahn, Hubertus: 129 o.

Sandmann, Karl (www.sandmann-naturfoto.de): 183

Schäfferling, Andreas: 99 u.

Schneider, Jürgen (www.albatros-tours.com): 161 u.

Schwenk, William (Naturbilderteam NABU): 21 u.

Sobota, Günter: 87

Stöhr, Dietgard: 117 o. + u., 162 u., 179 o., 186, 201

Sträter, Brigitte: 47

Vieth, Julian: 113 u.

Vollborn, Marion, NABU-Pressefoto: 108/109

Wiermann, Annegret: 26 o., 50–53, 60, 132, 143, 173, 177
und Titelrückseite

Woessner, Freimut (www.f-woessner.de): 38, 40, 187 u.

Alle anderen Fotos vom Autor Harald Vieth